日本神話における「高天原」とは何か!?

教育現場からの考察

——「高天原」の訓注の解釈と訓読の転訛に関する研究——

A Study on Interpreting and
Analyzing the Japanese Myth, "Taka-Amahara"
From a Classroom Perspective

松浦明博
MATSUURA AKIHIRO

幻冬舎 MC

日本神話における
「高天原」とは何か!?

―― 「高天原」の訓注の解釈と訓読の転訛に関する研究 ――

（教育現場からの考察）

A Study on Interpreting and Analyzing
the Japanese Myth, "Taka-Amahara"

From a Classroom Perspective

はじめに

「高天原」とは何か？

天上世界。日本神話における聖地。神々が生まれ、住まうところ。太陽神・天照大神が主宰する天上界。「葦原《あしはら》の中つ国」（地上界）・「根の国」（地下界）に対する世界、等々。

国語辞典や百科事典等の記述は、ほぼ一致している。

問題は、その訓《よみ》（読み方）である。

高天原には、「たかまはら」、「たかあまのはら」、「たかのあまはら」、「たかまなはら」、「たかまのはら」、「たかまがはら」など多様な読み方が存在する。

国語辞典の記載は、ほぼ「たかまがはら」である。ゆえに、教育の場では、これが一番普及している。ただし、戦後の学校現場で、「高天原」が語られるのは、極めて鮮少ではあった。

いっぽうで、古語辞典の記載は、「たかまのはら」が最も多く、次に「たかまがはら」と「たかあまのはら」である。

それぞれ訓には、何らかの裏付けや歴史的な変遷が存在することが考えられる。

いったいどのような訓が、最も正当なる読み方であるのか。本書の第一の目的は、そこにある。

『古事記』本文の冒頭の一節を示す

天地初發之時、於高天原成神名、天之御中主神。【訓高下天云阿麻下效此】次高御産巣日神[1]。


天地のはじまりのとき、天上世界である高天原に成りませる神の名は、天之御中主神であり、次に高御産巣日神である（現代語訳は筆者）。

ここに、「高天原」の訓読に関し、編纂者（筆録者）太安万侶《おおのやすまろ》の明確な指示（訓注）：

訓高下天云阿麻下效此（高の下の天を訓《よみ》てアマと云う、下は此れ倣《なら》へ）が存する。

本書は、この訓注に改めて注目するとともに、「高天原」の訓読の転訛《てんか》について明らかにし、「たかまがはら」なる訓の誤謬《ごびゅう》を示したものである。

そして、「高天原」の訓読の謎を解明しつつ、さらに、「高天原」とは何か、「高天原」がいかなる世界であるのか、を少しでも明解にしようとしたものである。これが本書の第二の目的である。

神話の中でも特別な意味を持つ「高天原」について、理解を深めることは、「日本神話とは何か」との問いに極めて重要な示唆を与えてくれることとなるであろう。

また、日本における道徳教育および宗教教育の推進には、日本神話の何らかの位置づけが必要である。

本書は、教育現場における道徳（倫理）教育・歴史教育・神話教育等への関連についても考察し、新たな地平を拓く試みでもある。


平成から令和の御代となり、皇室の意義や権威の由来が語られ、皇祖神が登場する日本神話にも注目が集まっている。この時に当たり、「高天原」の訓注の解釈および訓読の転訛に関する研究成果を検証し、太陽神にして皇祖神・天照大神が主宰する「高天原」とは何か、と考察を加え、その世界を明らかにすることは、まさしく時宜を得たことと考え、本書を起草するものである。

なお、本書は、『大月短期大学紀要 47号』（２０１６年3月）所収の筆者の旧稿「日本神話における『高天原』の訓注の解釈および訓読の転訛に関する研究」[2]に加除修正を加え、あらためて発刊し、世に問うものである。

註

［1］『古事記・祝詞』〈日本古典文学大系1〉所収の「古事記」（倉野憲司氏校注）岩波書店　昭和46年　p50

［2］「日本神話における『高天原』の訓注の解釈および訓読の転訛に関する研究」（教育現場からの考察）松浦明博：大月短期大学60周年記念論文集　２０１６／3

目次

第二章

「高天原」の重要性……59

第三章

「高天原」の訓読の変遷過程と典拠……113

序　章

教材の中の「高天原」

『古事記』は、平成24年（２０１２）の編纂千三百周年を機に、再び、広く人口に膾炙《かいしゃ》されることとなった。

日本最古の歴史書、もしくは最古の古典と評される『古事記』の、特に「神代」の部分の内容について、戦後長きにわたり、教育現場で取り上げられることは、無いに等しかった。戦前の国家神道に対する忌避や古事記編纂の政治的意図が強調されたからであろう。

筆者が大学1年生のとき、社会科教育の自主ゼミで、神話を歴史教材として取り扱うことの是非が議題となり、初めて「高天原」なる語に出会った。なぜなら、それまで日本神話の詳しい内容や用語解説を受けたことも学んだことも無かったからである。

このとき、「たか**まがはら**」と読まれていた事が鮮明に記憶に残っている。そこで、歴史学や歴史教育においては、「たかまがはら」との読みが通説であると理解した。爾来、「高天原」は「たかまがはら」であると、したり顔で後輩諸氏に説くようになった。

しかし、教育者として研鑽を積む中で、生徒や学生たちに、わざわざ「たかまがはら」と訓読させ、これが正解であるとする事に、いささかの疑念を感じるようになった。どうして「天」を「**あま**」、あるいは「**あめ**」と訓ぜず、「**まが**」と矯正するのか。果たして如何なる根拠に基づいているのか。

高校教師（社会科）となってから、国文学（上代文学）の分野では、「高天原」は、「たかまがはら」ではなく、「たか**まのはら**」と訓読することにほぼ統一されていることを学んだ。高校『倫理』の教科書（東京書籍）における「日本思想の源流」の単元でも、「たか**まのはら**」と訓読されていた。

近年では、「たか**あまのはら**」の訓読が、上代文学研究の第一人者ともされる神野志隆光らによって有力な説になって[1]いることも学んだ。

歴史教育のフィールドではいかがであろうか。

戦前の国家神道に対する反省、および、連合国総司令部（ＧＨＱ）の国家神道の停止命令（いわゆる「神道指令」）の影響から、日本神話や神道が、戦後の学校現場で歴史教育の教材として取り扱われることは、特に公立学校は無く、あったとしても批判の対象がほとんどであった。

ところが、平成13年度の扶桑社版『新しい歴史教科書』では、見開きコラムなど4頁にわたって日本神話が記載された。日本神話が教科書に記載されること自体、戦後の歴史教科書で初めてであり、画期的なことであった。

そしてその後、平成27年度中学校歴史教科書（学校では28年度4月からの使用）では、なんと、全社が日本神話に関して大コラム又は小コラムをもうけて説明している（「学び舎」の小コラムは記紀神話ではなく、『常陸国風土記』に書かれた富士山と筑波山」と『風土記』の神話を題材にしている）。

なかでも、東京書籍、教育出版、清水書院、自由社、育鵬社の5社は2頁分のコラムをもうけて取り上げている。学習指導要領の改訂によって、中学校歴史教科書における日本神話の比重が如実に大きくなったのである。

そのうち、自由社、育鵬社、東書、教出の4社で、記紀神話における「高天原」の用語を見出すことができる。自由社以外はいずれも「たかまがはら」とルビがふられていた。日本の歴史学の通説に従ったものであることは言うまでもない。自由社も旧版（平成23年）以前では、「たかまがはら」のルビであった。

ちなみに、高校の歴史教科書では、明成社の小コラム「日本の国生み神話」において「高天原」が登場するが、やはり「たかまがはら」のルビであった。[2]

しかし、驚くべきことに、新版（平成27年）の自由社の歴史教科書では、計6か所に高天原の語句が登場し、うちルビがふられたすべて（3か所）で「たか**あま**はら」と明確に表記されているのである。[3]

一つ目は、日本神話の概説において、である。しかも、他社のようにコラムではなく、「神話が語る国の始まり」で一単元をもうけ、本文中の「国生み神話」に「高天原」を登場させ、「たかあまはら」とルビが付されている。**（写真1）**

二つ目は、節末の見開きコラム「国譲り神話と古代人」のところで、「今の皇室の祖先神とされるアマテラスオオミカミ（天照大神）は、高天原《たかあまはら》で神々と相談し、オオクニヌシに国土の統治権《とうちけん》を譲《ゆず》りわたすよう、使者を派遣《はけん》して…」とあり、日本には古来、争いを避け合議（話し合い）によって解決しようとする伝統があることを分かり易く伝えている。

最後は、章末のコラム「日本の天皇と中国の皇帝」のところで、「日本における〈天〉

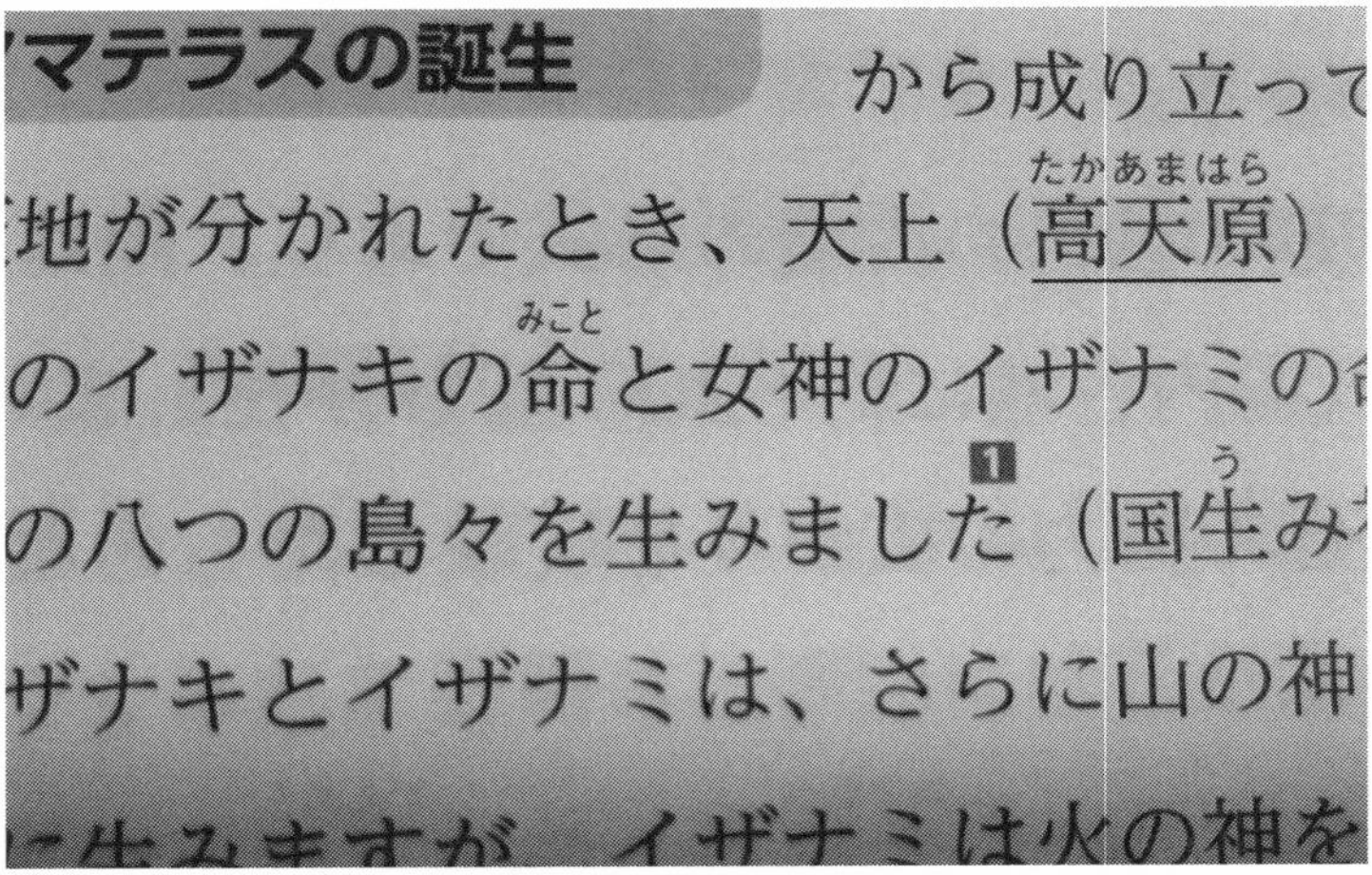
マテラスの誕生
から成り立って
地が分かれたとき、天上（高天原《たかあまはら》）
のイザナキの命《みこと》と女神のイザナミの
の八つの島々を生みました 1 （国生《う》み
ザナキとイザナミは、さらに山の神

写真1　教科書中の高天原《たかあまはら》の表記　筆者撮影（掲載許諾済）

の思想は中国とは異なり、神話に登場する〈高天原《たかあまはら》〉に由来します。天皇の称号《しょうごう》に〈天〉がふくまれるのは、高天原の神々の中心であった太陽神天照大神《アマテラスオオミカミ》の直系の子孫という意味からです。」と神々を祭る聖なる存在としての天皇《スメラミコト》の意味と、その権威の由来について明快に説かれている。

この新版の自由社歴史教科書は、すでに文部科学省の教科書検定を通過し、市販本も市場に広く流通している。教科書検定においては、教科書調査官が専門的研究者として学界の研究動向をふまえ調査に当たり、厳格な審議が行われる。よって、「たかあまはら」と訓ずることについては、公的にも認められていると考えることができる。

写真2　現行の検定済『新しい歴史教科書』(自由社)
国宝の「合掌《がっしょう》土偶《どぐう》」(縄文時代後期の青森県風張1遺跡出土) が表紙中央に載っている　筆者撮影 (掲載許諾済)

令和の改訂では、いかがであろうか。他社は、「たかまがはら」のルビのままであるが、自由社の文部科学省検定済み中学校歴史教科書**（写真2）**は、その後の教科書改訂（令和3年）においても「高天原《たかあまはら》」のままとなっており、現在に至っている。

注

［1］『古事記の世界観 歴史文化セレクション』 神野志隆光　吉川弘文館　2008

［2］『最新日本史』 渡部昇一・中西輝政他　明成社　2012

［3］①中学社会『新しい歴史教科書』 監修　井尻千男・田久保忠衛他2名　代表執筆　杉原誠四郎　執筆　松浦明博他12名　自由社（平成27年4月6日文部科学省検定済）

②中学社会『新しい歴史教科書』 監修　海上知明・田久保忠衛他2名　代表執筆　藤岡信勝　執筆　松浦明博他10名　自由社（令和3年2月17日文部科学省検定済）

第一章

「高天原」訓読の研究成果と考察

――その今日的意義

かの本居宣長は、『古事記伝』で「訓高下天云阿麻」の訓注にふれ、「阿麻（アマ）は高天と続くときは、高（タカ）の加（カ）に阿（ア）が含まれるため、おのずと多加麻（タカマ）と読む。ある人がこれを疑って、常の如く多加麻（タカマ）と読むならば、〈云レ麻〉と注をすべきであり、ここは〈云レ阿麻〉とあるのだから〈多加阿麻之原〉と読むべきためのものであるといっているが、かえって良くない」と結論付けた。

宣長は、「省音（消音）の法則」に従いタカマノハラと訓じることを是とし、結果的に、他の訓読を封印してしまうこととなった。大学者宣長の主張は後世に多大なる影響を及ぼし、長らくタカマノハラと訓読するに至る根拠となった。

古来、日本語の一般的な言語状況として、語中での二個以上の母音の連続、すなわち、語中での母音連接を避けるために、後の母音を消音する傾向がある（消音の法則）。「高天原」の場合、分かり易くローマ字表記すると taka-amanohara となる。この taka の後に続く、amanohara の a が重なるため省略されて読まれる。その結果、

takamanohara「たかまのはら」となると考えられている。これをふまえて、「たかまのはら」と訓読されていることは、筆者も理解している。

しかし、すでに「はじめに」で示したように『古事記』の原文の冒頭には、「天地初發之時、於高天原成神名、天之御中主神。【訓高下天云阿麻下效此】」（傍線は筆者）とある。「高天原」の訓読に関しては、訓註で『「高」の下にくる「天」はアマと訓ぜよ。これより後はこれに倣《なら》え（従え）。』と明確に指示されている。このことは、日本古典文学大系（以下、古典大系と略称）『古事記・祝詞』の注記でも明らかである。[1]

1.『古事記』の訓注の役割と重要性

そもそも、何のために訓注を施して、訓《よみ》を特定する必要があったのか。『古事記』序文によれば、音注・訓注などの注は、本文について「辞理」（文脈）・「意況」（意味）を明らかにしたものである。ただし、「意況」が明らかなものには、ことさら注は施さない、とも記されている。

現在、『古事記』研究の第一人者と目される神野志隆光は、注の種類を細かく分類したうえで、その一種である訓注とは、「よめる」ことが十分に「保障」されないところの「読み方」を指示することによって「理解可能」を保障するものであったと論じている。[2]

また、山口佳紀は、訓注が本文読解のためにどのように役立っているのか、全用例にわたって検討した。その結果、『古事記』において訓注が加えられているのは誤読・誤認されやすい場合であり、訓注は「ヨミ」（日本語に還元すること）を示すためのものであること、そして問題となるのは、「よみ」（理解）が左右される場合であるとして、『古事記』の文脈から訓注の意味や性格を把握した。[3]

ここで筆者は、ほとんどの訓注（42／45例）が、上巻に集中している点を重視すべきであると考える。

武井睦雄は、訓注を附せられた語を分類して、固有名詞が27例（うち、その内容として神および神格化された存在をあらわすもの――26例）、普通名詞とみられるものが10例、動詞とみられるものが8例とし、全般を通じて、神名・神呪など宗教的要素の認められるものが多く、それらが、特に古い時期についての記述に関するものであることを指摘した。[4]

武井は、訓注の附せられている語は、筆録者（『古事記』の本文をその本文の形に記したひとを意味する）にとって、重要なものと考えられていた語であったはずであり、かつ、当代において、すでに古語であったもの、ないしは、まれにしか用いられなかったであろう語であるとしている。また、その語形を正しく読まれることを要請された語であったものと考えた。[5]

そして、吉田留は、当時の上代人にはある程度、文字が普及し、文字の心得のある古事記の読者に対し、注を加えなくても読めた「帯《たらし》」「日下《くさか》」等の類の語が相当あったことを認めたうえで、文字もなるべくその語の発音のままに表れるものを使用したと考えた。

つまり、「高天原《たかあまはら》」「八尺鏡《やあたかがみ》（八咫鏡）」等の用例のように、特に古形のままで読ませるものについて訓注を附したということを主張したのである。[6]

「尺」は「咫」（あた）で、日本の上代の長さの単位を示す。開いた手の親指の先から中指の先までの長さで約18㎝とされる。古代中国・周代の長さの単位でもある。

縄文時代にも長さの単位があって、いわゆる「縄文尺」では、ひじから指先までの長さ約35㎝を基準にしているという。三内丸山遺跡（約５５００年前）の神殿とも考えられている大型掘立柱建物の柱穴は、正方形を二つ繋いだ長方形であるが、正方形の一辺がそれぞれ4・2メートル《メートル》となっている。4・2メートル《メートル》は縄文尺（35㎝）の十二倍であり、メソポタミア文明と同じように十二進法が採用されていたとの説（伊達宗行『「理科」で歴史を読みなおす』等）もある。ちなみに、尺貫法では、一尺は約30・3㎝だが、「鯨尺」では約37・9㎝である。「一咫」は、「縄文尺」や「鯨尺」のおおよそ半分程度と言える。

2. 「たか あまのはら」の研究事例と考察

ここでは、「たかまのはら」との訓読が一般的ではあるものの「たかあまはら」または、「たかあまのはら」と訓読すべきとする研究事例も少なからず存することを明らかにしていきたい。

すでに吉田留や武井睦雄らによって「高天原」の訓注が取り上げられ、「古い時代の発音の保存のため」に「あま」と訓注のままに訓むべきであるとの指摘がある。[7]

武井は、「筆録者としては、《訓注の仮名の部分が本文のなかの訓注を附せられた文字の位置におきかえうること》を、つよく志向していた」として全用例にわたって検討し、その論証の過程を丁寧に示している。

そして「高天原」の訓注は「〈天〉字が〈アメ〉でなく〈アマ〉をあらわすことを示し、その直前の〈高〉字のあらわす〈タカ〉と結合して両者で〈タカマ〉をあらわすものと受け取るわけであり、この解釈はこんにちに至るまでうけつがれている」との認識を示したうえで、「このような背景があるにも拘らず、この訓注は〈天〉字を〈アマ〉と読むよう指示しているのは、〈たかまのはら〉と短縮せず、〈アマ〉の言葉を残すことの伝承者の強い思いの表れではないだろうか。」と鋭く問題提起をしている。

さらに、「多くの語の古形を伝えるこの『古事記』においては、これを〈タカアマノハラ〉とよむべきである。この〈タカアマノハラ〉のかたちこそ古い時代に一般的に用いられていた語形なのであって、同じ概念をあらわすために用いられている〈天原〉を〈アマノハラ〉とふつうにひとびとが呼んでいるのとその部分に関しては同形なのである」と結論づけた。[8]

小松英雄は、その著『国語史学基礎論』の中で、「高天原」の訓読に関し明解な解釈を下している。小松は、「高天原」の「天」の字が自由形式のアメではなく、拘束形式のアマで訓まれるべきことが訓注で指示されており、それは次の語とともに一語を形成することから、「高＝天原」という構成を意味することと考えた。従って「高＝天原」という構成であるならば、「タカマノ‐ハラ」ではなく、ここは「タカ‐アマノハラ」であると論じたのである。[9]

山口佳紀もまた、「小松によれば、〈天〉の字は、アマともアメとも訓めるが、アマの字は次の語とともに一語を形成することを意味するから、この訓註は、〈高天原〉が、〈高天＝原〉でなく〈高＝天原〉の構成であることを物語っているというのである。すなわち、『古事記』の訓注は、読者が本文の内容を間違いなく読み取れるよう施されたものである。」と、小松の論に賛同し「タカ-アマノハラ」と読むべきことを説いている。

山口は、「〈高天原〉はタカアマノハラと訓むべきであろう。この語がタカ＝アマノハラという構成であることを示そうとしている以上、そう発音せざるを得ないはずである。聞きなれない発音であると違和感を感ずるのは、むしろ後世的感覚である」[10]と小松の説を支持した上で、上代人の感覚というものを重視している。

これらは、「高＝天原」の語形構造を読者に理解させるために「アマと訓め」と訓注がなされたとの主張であり、説得力がある。しかし、当代において「天原」をアマノハラと読むことが通常であったなら、そこにあえて訓注する必要があったのだろうか。

西宮一民は『古事記の研究』のなかで、小松の説（「高＝天原」語形構造説）をふまえたうえ、別の観点から精緻な考察を行っている。

西宮は、「上代人は『高天原』の文字連結に接した場合、どのような結合単位で理解するであろうか。それは、『高＝天原』か『高天＝原』である。訓注に『天』は『アマと読め』とあるから、『天原』であって、『高天』ではないとは言い切れない。」と主張した。それは、「高」を冠してもタカ‐アマノハラともタカアマ‐ノハラとも言うことが可能だからである。もし、「タカ‐マノ‐ハラ」との音読を聞いた場合、「タカマ＝高天（高い『天原』の意味）」と聞き取ってもらえるとは必ずしも言えず、上代人にとって馴染みの深い「タカマ＝高間（地名）」と聞き取られる可能性があることを懸念した。その危険性を排除するために、あえて訓注を施したと考察したのである。

それであるがゆえ、「『タカ‐アマノ‐ハラ』とも『タカ‐マノ‐ハラ』とも訓じても良いのではなく、ここは『タカ‐アマノハラ』と訓まねばならない。」[11]とし、「訓㆓高下天、云㆓阿麻。」との訓注は、「タカ‐アマノハラ」と訓ませるためにあると断じている。

西宮一民編の桜楓社本『古事記』では、「タカ‐アマノ‐ハラ」と訓まれ、この読みはある程度、承認されている。同書は、原文（底本、真福寺本）に上代特殊仮名遣いの区別までして傍訓を施した出色のものとの評価がある[12]。

日本最大の国語辞典である『日本国語大辞典』第二版[13]には「たかあまのはら」の見出

し語があり、また、神野志隆光など東大史料編纂所出身の学者らが編集・執筆等を携わった『新編日本古典文学全集1　古事記』[14]などにも、「たかあまのはら」と表記されている。同全集『古事記』の注には、「〈天〉を自然的存在ではなく、神々の住む一つの世界としてとらえる時の呼び方。訓注に従ってタカアマノハラと訓む。アマと訓むことにより、〈高＝天原〉という語構成であることを示す」とあり、「たかあまのはら」については、ある程度、認知されていることが分かる。

例えば、高校教育の現場でしばしば使用される『例解古語辞典』[15]には、「たか-まがはら」の見出し語は存在しない。「たか-ま-のはら」の項目に、{【高天原】(名)「たかあまのはら」に同じ}と記され、「たか-あまのはら」が、第一の見出し語として詳しい説明が付されている。まず、「神の住む天上国」とあり、「語形」として、{高い所にある「天の原」の意で、「高天」の原と理解されないように、『古事記』には、「たか-あまのはら」と読むことが指示されている}とある。

他の普及版の古語辞典では、「たか-ま-のはら」が多数を占めているものの「たかま」は「たかあま」の約、あるいは、「たかまのはら」が「たかあまのはら」の転であると明示されている。[16]

『古典基礎語辞典』（大野晋編）でも、「たかまがはら」の見出し語はなく、「たかまのはら」の見出し語で、「タカ（高）アマ（天）ノ（助詞）ハラ（原）の約。タカは美称。アマはアメの古形で、地上のクニ（国、行政権の及ぶ範囲）と一対を成し、天上の国を表す。後にアメが単なる大空の意と解されるに至って、ツチ（土）と一対になった。ハラは広く平らなところの意。」とある。[17]

これらから、「たかあまのはらの変化した語」が「たかまのはら」であること、また、「たかま」「たかまのはら」の原形（古形）が、「たかあま」「たかあまのはら」であることは容易に理解できる。

3.「たか あまはら」の研究事例と考察

本来、「天」の訓の古形は「あま」であるが、『古事記』における古語表現を重視した吉田留は、本居宣長翁の偉大さを称賛しつつ、果敢にもその「誤り」を指摘した。[18]

吉田は、『古事記』が、古伝説とともに当時亡んでいた、あるいは亡びつつあった古語を保存している点に改めて注目した。そして、宣長が『日本書紀』の中の漢意を攻撃しながら、「書紀」の言語の中にも当時の言語に改変されている用例の多いことを忘れ、「書紀」の用語、祝詞、万葉の語に基づいて、『古事記』の古い言語を説明しようとした点を問題にした。すなわち、宣長が、訓注の指示よりも「タカマノハラ」や「ヤタカガミ」と訓じられている当時の用例の方を重視したことを問題視したのである。

本居宣長は『古事記伝』で、「古事記はもっぱら古語を伝えることを旨とした書」と記しながらも、訓読法は、源氏物語を愛好した宣長らしく平安文学の読みに依拠している点が多い。やはり、吉田の指摘通り矛盾していると言わざるを得ない。

吉田は、タカマノハラと読ませるには注の必要はなく、注はなくても読めた当時の言葉であり、天を阿麻（アマ）という古い読み方で読ませるためにこそ訓注があると主張した（傍線は筆者、以下同じ）。

さらに、吉田は「天」の訓法について分類した。

第一に、天の下に之を加えたもの。

第二に、天の下に之は書いていないが、語の性質上、下の語の所有格を表して天ノと読まなければならないもの。

第三に、人名、地名を表したもの。

第四に、ノの代わりに同じく所有格のツを持つもの。

第五に、「天神」のようにツはなくともツを入れて読んだと思われるもの。

第六に、一から五以外のもの（天照大神などの五～六語のみ）として、それぞれに応じ、アマ、アマノと読むべきか、アメ、アメノと読むべきかを判別している。

この結果や「訓天如天」の注記、高天原の「訓高下天云阿麻」の注記などから、アマの次にノを入れずに訓むべき点を主張した。そして、宣長も指摘するように、「高」は高いという用言ではなく体言であり、また「高天原」も一つの固有名詞であることから、所有格を表す助詞のノを入れるべきではないし、それゆえタカマという連声《れんじょう》[19]で読むことも正しくないとしている。

そして吉田は、『古事記』にみる古語のままに伝えようとする姿勢、「訓雲云具毛《くもぐも》」「訓土云豆知《つちづち》」の注記などの連濁《れんだく》[20]の例、「訓金云加那《かなかな》」の注記などの連声の訓法等、を考慮して、高天原は、「タカアマハラ」と読むのが至当であると結論付けた。

吉田は、連声の訓法は古くは稀であったにもかかわらず、『古事記』の注釈書には、賀茂真淵ら江戸期の学者の影響によって、約音略音で語の成立を説明するものが多いことを指摘している。また、後世にタカアマが、タカマと約略によって転訛したことは、言語学上、当然のこととしても、後世の語をもとにして逆に古代語の約略を説明するのは間違いだと論じている。まさに正論である。

さらに吉田は、高天原の用語が、延喜式の祝詞に多く存している点に着目した。そこで「高天原」と「高天之原」・「高天能原」・「高天乃原」の二様の書き方があることを見出している。そして、「高天之原」のように「ノ」が入っている祝詞は、

平野祭《ひらのまつり》

∴京都市北区にある平野神社の例祭

久度古開《くどふるあき》

∴久度は竈《かまど》の神（大野城市などでかまどのことをくどと言う）、古開は使い古した

使用済みの竈の神への神事

道饗祭《ちあえのまつり》

∴都の四隅道上で、八衢比古神《やちまたひこかみ》、八衢比売神《やちまたひめのかみ》、久那斗神《くなとのかみ》の3柱を祀り、都や宮城の中に災いをもたらす鬼魅や妖怪が入らぬよう防ぎ、守護を祈願する神事

鎮御魂斎戸祭《みたまをしずめるいわいどのまつり》

∴新嘗祭《にいなめ》の前日夕刻に宮中三殿近く綾綺殿で行われる「鎮魂祭《みたましづめのまつり》」との関連で行われる天皇の霊魂の象徴としてその御魂を鎮め奉る祭儀。鎮魂祭のミタマシヅメの儀式に用いられた木綿と、ミタマフリの儀式に用いられた御衣とを、十二月の吉日を卜して神祇官の斎院にある斎戸神殿に奉遷して行われる。

遷却崇神《たたるかみをうつしやることば》

∴道饗祭が災禍の予防を主目的とした祭りであるのに対し、遷却崇神祭は災禍の

原因となる神々を祭り、その心を和めて遠方に遷すことを目的とした祭りだけであることを指摘し、これら祝詞のいずれも、平安遷都以降の比較的新しいものであるとした。

ところで、『延喜式』の古い祝詞には、

「八百萬乃神《やおよろずのかみ》」「豊葦原乃瑞穂乃國《とよあしはらのみずほのくに》」（中臣壽詞《なかとみのよごと》）
「高天能神主《たかあまのかみぬし》」「天能八重雲《あまのやえくも》」「出雲國乃國造《いずものくにのみやつこ》」（出雲國造神賀詞《いずものくにのみやつこのかんよごと》）
「天之磐座《あまのいわくら》放天之八重雲《あまのやえくも》乎伊頭乃千別爾千別氏」（六月晦大祓《みなづきのつごもりのおほはらひ》）
「高天原《たかあまはら》爾神留坐」「高天原爾千木《ちぎ》高知氏　皇御孫命《すめみまのみこと》乃瑞能御舎乎仕奉氏」（祈年祭《としこいのまつり》）

と、かなり詳細に助詞の「乃・能・之（ノ）」、「乎（ヲ）」、「爾（ニ）」、「氏（テ）」などが入れられている。[21]

にもかかわらず、古い祝詞の「高天原」のところには助詞の「乃・能・之」（ノ）が入っていない。いっぽうで祝詞が古い読み方を重んじたことは知られている。このことから、吉田は、タカ・アマ・ハラと、「ノ」を入れずに読まれたと考えたのである。[22]

これは、祝詞ができた頃、つまり、後世に訛《なま》ってタカマノハラと発音した以前の古い祝詞の時代、換言すれば、原初的な神道（古神道）においては、祝詞もタカアマハラと読んだ可能性を示唆している。

平田篤胤は、『古史徴開題記《こしちょうかいだいき》』で、記紀撰録以前にも多くの古文献が存在し、それをもとにした『延喜式祝詞』こそが神代の正しい伝承を伝えている、と述べており、「ノ」を入れずに読まれたという説の補強となる。[23]

中世の神道書[24]に目を転じてみよう。例えば、延喜式祝詞（祈年祭）中の「高天原爾神留坐」と酷似した祭文《さいもん》の一節が、『倭姫命世記《やまとひめのみことせいき》』にはあり、そこには「高天之原尓神留坐」と書かれている。爾《に》が尓《に》となっているだけでなく、「高天原」が「高天之原」となり「之」が入っている。中世と古代との違いを示す明白な一例である（同じ中世の神道書でも『旧事本紀玄義《くじほんぎげんぎ》』では、「神皇実録曰、於高天原化生神」とあるが、これは古伝説を引いているためか「之」が入っていない。『大和葛城宝山記』にも「高天原広野姫朝廷」がみられるが、これは天皇の諡号《おくりな》だけに「之」が入っていない）。

いずれにせよ、これまで述べたように「之・能・乃（ノ）」が本当に必要ならば、「高天原」ではなく、「高天之原」・「高天能原」・「高天乃原」と記したことは明らかである。次に来る天之御中主神（あめノみなかぬしのかみ）、国之常立神（くにノとこたちのかみ）のように、初めから「之＝ノ」を入れて表記したことであろう。

『万葉集』などで、「天原」がアマノハラと読まれているからといって、「高天原」においても「之」がなくともノを入れて読むとは限らない。なぜなら「高天原」と「天原」は必ずしも同一ではないからである。

『古事記』において、「高天原」と「天原」の表記が同時に用いられ、その関係性が理解できる箇所を次に示す。

「爾高天原皆暗、葦原中国悉闇。」（古典大系80ｐ）。

「爾高天原動而、八百万神共咲。」（同82ｐ）。

「於レ是天照大御神、以二為怪一、細二開天石屋戸一而、内告者、因二吾隠坐一而、以二為天原白闇、亦葦原中国皆闇矣一…。」（天照大御神の言葉、傍線は筆者）（同82ｐ）。

これについて武井は、「同一の〈もの〉が、天上での把握として《天原》、地上での把握として《高》+《天原》のごとく識別されていたものと考えられる。「天原」の表記については訓注がなく、また、そのあらわす概念についての説明もない。(中略)当代の読者にとって不要であったことを意味してはいないであろうか。[25]」と問題提起している。この『古事記』などの例から、「高天原」と「天原」は、同一の概念を表しているとの指摘がある。しかし、天上界での表現と地上界から仰ぎみた表現との立場の違いがそこにはある。また、上代人が『万葉集』で詠んだ歌の中の「天原」と「神話」の中の「高天原」とは、そこに本質的な違いがある。

そこで、「高=天原」という語形をイメージするならば、当然ながら、当代の読者は「タカ-アマノハラ」と読むに違いない。それを回避して、古訓に従い、ノを入れずアマのままで読ませ、違いを明らかにするために、あえて訓注を施したものと、筆者は考える。

高天原の訓みに、「ノ」を入れるか否かは、その後に大きな影響を及ぼすこととなる。この点については、後章で述べたい。

4.「省音（消音）の法則」は常に働くのか

上代語において、連続する母音がある場合、「消音の法則」が働くということは多くの識者の知るところである。例えば、市鹿文（いちかあや→いちかや）、倉稚綾江（くらわかあやひめ→くらわかやひめ）、坂合（さかあひ→さかひ）、更荒（さらあら→さらら）、田油津江（たあぶらつひめ→たぶらつひめ）、村合（むらあはせ→むらはせ）、堀池（ほりいけ→ほりけ）等である。

しかし、消音の法則は常に働くのであろうか。

吉田と武井は、それぞれ「八尺鏡訓二八尺一云二八阿多《やあた》一。」をとり上げ、古音重視の考えから訓注のままに訓むこと（ヤアタ）を主張した（第一節参照）。

武井は、「八」（ヤ）と「尺」（アタ）とが結合しても、この場合、「ヤタ」とはならない旨を特に注記しているものと受け取ることが、もっとも自然な受け取り方であることを指摘した。[26]

山口佳紀もまた、「実際には、ヤタと発音されたと見る必要はなく、ヤアタと発音されたと考えてよい。」とした。そして、『古事記』（思想体系本）の補注が、『日本書紀』にみる「八田間大室《やた》」や「八咫鏡《やた》」を参考例にしてヤタと訓んでいることを不適切であると指摘している。

また、山口は、同母音が連接すると一つになることが多いことは当然としながらも、必ずしも一つになる訳ではないとして、

「うらはぐし　布勢の美豆宇弥」（万葉十七・三九九三）

をあげている。[27]小松英雄の「アクセントの変遷」[28]での指摘や後世の資料をもとに、上代においては、「美豆宇弥（ミヅウミ mizu-umi）」が「湖」としてまだ一語化していなかったことを明らかにしたうえで、母音連接の例としている。

西宮は、消音されない例として、志賀高穴穂宮（しがのたかあなほのみや。現在の滋賀県大津市穴太。景行天皇、成務天皇、仲哀天皇が都としたところ。傍線は筆者、以下同じ）

を上げ、このような読み方が決して奇異でないことを示している。[29]

『古事記』中巻（成務天皇）には、

「若帯日子天皇、近つ淡海の志賀の高穴穂宮に坐しまして、天の下治らしめしき」

とある。[30] 志賀高穴穂宮は、『古事記』、『日本書紀』いずれも志賀高穴穂宮（しがのたかあなほのみや）と記述されている。

消音の法則が働くケースとそうでないケースはどこが違うのであろうか。

国語学者・教育学者の丸山林平は、「消音の多いことは、上代語の一つの特徴である。しかし、それは、常にそうなるとは限らない」、例えば、「阿佐阿米」（朝雨）を「阿佐《あさ》米《め》」と言わない類を挙げ、「上代語には、消音の現象が多く見られるというにすぎない。」と説いている。[31] 但し、丸山らは、例外が如何なる場合に起こるのかについては、特に述べていない。

いっぽう、「長雨」もまた、母音連接の例であるが、『広辞苑』など多くの辞書では、「ながあめ」・「ながめ」の二通りの読み方を示している。「ながあめ」の転訛（音変化）したものが「ながめ」だが、「ながあめ」の読みが残ったのは、「長雨」と「眺め」を聞いたときに判別がつき難いからであろう。

『例解古語辞典』には、上代の同じ時期に「ながあめ」・「ながめ」が併用されており、中世以降、「ながあめ」だけになったことが記されている。[32] ここでもまた、母音連接であっても消音されない例をみることができる。

和歌では、むしろ「眺め」と掛けて用いられることが多い。

「つれづれとながめふる日は青柳のいとどうき世にみだれてぞふる」〈紫式部集〉

この場合、「長雨」と「眺め」とが、紛らわしくとも大きな問題ではない。しかし、消音によって、言葉の意味や相手の理解が大きく変わってくる場合、さらには、その語の重要度が高ければ高いほど問題となってくる。

筆者が考えるに、尊貴性の高い事項について安易に省略することを、『古事記』編纂者は避けたのではないか、ということである。

現代においても、いわゆる「略し言葉」は、俗世の言葉が多く、公的な場面や目上・

尊敬の対象・聖域などに対しては略して表現することは控えているように思える。[33]

ましてや、至高の天上界にして皇祖神の原郷である「高天原」やスメラミコトの御坐《おわ》す宮都などに対し、上代人は、安易に約音略音を使ったのであろうか。

やはり、「聖なるもの」と「俗なるもの」を見極めて、消音の法則を適用の可否を判断したのではないか、すなわち編纂においても、「**聖別**《せいべつ》」が行われていたものと筆者は主張する。

5. 度会延佳《わたらいのぶよし》の注釈と本居宣長《もとおりのりなが》の評価

『古事記』の冒頭「高天原」の訓注に従うなら、「たかアマはら」もしくは「たかアマノはら」と訓ずべきはずであるが、前述のように、本居宣長の『古事記伝』などでは消音の法則に従って「タカマノハラ」と訓じている。しかし、『古事記伝』以前の延佳本[34]などには「タカアマノハラ」と、訓注に従って訓じている例もある。

『古事記』の伝本は、伊勢系諸本と卜部系諸本とに大別できるが、延佳本は、数種類の伝本を校訂したもので、版本の主なるものである。延佳本は、正式には「延佳神主校正、鼇頭古事記《ごうとうこじき》」といい、伊勢外宮の権禰宜《ごんねぎ》であった度会延佳《わたらいのぶよし》［元和《げんな》元年（1615）～元禄三年（1690）］が校注を施して、貞享四年（1687）に刊行した書である。

臨済宗の僧侶であった山崎闇斎は、後に儒者となるが、この度会延佳から伊勢神道を学び神道に傾倒した。闇斎は、さらに吉川惟足《よしかわこれたり》に学び、神儒を総合帰一して独自の垂加神道を唱えた。後世の尊王運動に影響を与えたことでも知られる。

西宮一民は、「古事記全巻の訓読は、寛永板本〔三巻（寛本）〕（寛永二一年〈１６４４〉刊）から始まり、度会延佳の『鼇頭古事記』〔三巻（延本）〕（１６８７刊）を経たのち、本居宣長の『訂正古訓古事記』〔三巻（底本）〕（享和三年〈１８０３〉刊）に到って、一応完成した」と説いている。[35]

また、延佳本は、『古事記』注釈書の中でも善本との評価がある。

丸山林平は、「延佳は、ある意味においては、宣長にも匹敵すべき国語学者であり、諸本を校合して本文を定め、片かなで訓を施しているが、延佳は、まだ、宣長のころの国学者の悪風には染まっていず、『豊古』『豊売』などを『ヒコ』『ヒメ』と訓じ、『角』『野』『楽』などを『ツノ』『ノ』『タノシ』などと正しく訓じている。また、頭注には、『開疑聞之誤』とか『弘仁私記序云』とか『旧事紀云』、『日本紀云』、『万葉集云』、『神名帳云』、『姓氏録云』、『和名鈔云』、『延喜式云』、『諸陵式云』などとしるし、その学殖の深さを示している」[36]と高く評価している。

宣長は、延佳本を手始めに、『古事記』の校合を以下の４回にわたり行っている（『古事記伝』奥書による）。

第1回　宝暦14年1月12日、度会延佳本。
「宝暦十四年甲申正月十二日以度会延佳校本校合終業、神風伊勢意須比飯高舜庵本居宣長（花押）」。
第2回　延佳本校合済の信慶本で、安永9年5月25日（中巻）、同月26日（下巻）。
第3回　村井敬義所蔵古写本で、天明3年2月13日（全巻）。
第4回　真福寺本の転写本で、天明7年4月14日（全巻）。

ところが、宣長は『古事記伝』で、延佳を次のように批判している。

「今一つは、其の後に伊勢の神宮なる、度会延佳てふ人の、古本など校へて改め正して彫らせたるなり。此はかの脱ちたる字をも誤れるをも、大かた直して、訓もことわり聞ゆるさまに附けたり。されど又まれには、己がさかしらをも加へて、字をも改めつと見えて、中々なることもあり。此の人すべて古語をしらず、ただ事の趣をのみ、一わたり思ひて訓めれば、其の訓は、言も意も、いたく古にたがひて、後の世なると漢なるとのみなり。さらに用ふべきにあらず。云々」

宣長は、『玉勝間』（十一の巻、「古事記伝の六の巻に入るべき事」）でも、延佳の「過ち」

をとり上げ、再び「さかしら」の言葉を使って批判している。[37]

宣長がここまで延佳を酷評したのは、なぜであろう。同郷の先学である延佳に対して対抗意識を燃やしたのであろうか。それとも伊勢外宮の神官である延佳が、外宮を内宮同等、いや内宮以上に権威（霊威）あるものとしていたことへの批判からであろうか。あるいは、儒教倫理を入れて度会神道の哲理が構築されたからであろうか。いずれにせよ、宣長の延佳批判は、宣長の内宮重視や、「漢意《からごころ》」を排する余りの勇み足ではなかろうか、と筆者は考える。

6. 本章のまとめ、および「高天原《たかあまはら》」の今日的状況と意義

(1) 本章のまとめ

高天原の「天」の訓みは、

①アメではなくアマであること。

②マノではなくアマが本来の訓であること。

①・②は、すでに明らかであろうと思われる。ましてや、

③上代においてマガなどの訓みは本来、あり得ないこと。

しかし、最後の課題として、

④アマノであるかアマであるか。

もし、高天原が、「たかあまのはら」であったならば、【高天之原】と記し、「之（＝の）」が入るはずである。前述の祝詞だけでなく、『日本書紀』においても【高天原】と【高

天之原】の2種類の表記がみられる。これも後者が単なる表記漏れではなく、出所や読み方等に何らかの違いがあったと考えるのが自然であろう。③・④については次章でさらに述べたい。

筆者は、吉田留らと同様に、「訓高下天云阿麻」の訓注に、失われゆく古い大和言葉（言霊《ことだま》）を守ろうとした古事記筆録者（一人とは限らない）の懸命なる意思を感じざるを得ない。

やはり、『古事記』編纂者の指示に忠実に従うならば、「高天原」の訓読は、「たかあまはら」または、「たかあまのはら」以外にはないように考えられる。

高天原の訓みは、本来、濁らないように、「たかあまはら」、あるいは、「たかあまのはら」であり、これが連続する母音の短縮形として「たかまのはら」と読まれた。さらに「たかまのはら」が転訛して「たかまがはら」となった訳である。当然、「たかまがはら」の読みは歴史的に新しい。聖なる世界としての高天原の訓みは、上代では清音であり、濁音の「たかまがはら」が流布していったのは中世以降である。

『古事記』『日本書紀』には、朝廷へ恭順しない土着豪族への蔑称に「土蜘蛛《つちぐも》」または「都知久母《つちぐも》」の名が見られる。『古事記』中巻（神武天皇）における「生ㇾ尾土雲《つちぐも》【訓云具毛《ぐも》】」を読み下すと「尾の生えたる土雲【雲を訓みてグモと云ふ】」となり、わざわざ訓注を入れ濁音で読ませている。「天雲」を「雨麻久毛」や「阿麻久毛」と上代においては清音で読んでおり、あえて注も入れていないことと比べると、その違いは明らかであろう。

そもそも「たかまがはら」が、上代には存在してはいなかったことは、西宮一民らの研究でも明らかである。

西宮は、上代人の「天」の結合単位について四型に分類した。[38]

「天」（アマ）は、

Ａ 安麻賀気利（アマガケリ） アマ＋動詞
Ｂ 安麻久母 （アマクモ） アマ＋名詞
Ｃ 安麻都美豆（アマツミヅ） アマツ＋名詞
Ｄ 安麻乃波良（アマノハラ） アマノ＋名詞

との四型があり、特にD型が最も多く、神代紀から、阿摩能与佐図羅（アマノヨサヅラ）、安麻能左愚謎（アマノサグメ）等、『万葉集』から、安麻能之良久毛（アマノシラクモ）、安麻能波良（アマノハラ）、安麻能見虚（アマノミソラ）、安麻乃日嗣（アマノヒツギ）等、詳しく例示している。「天原」はまさしくD型の「アマノハラ」であり、まして「アマガハラ」ではないこと、従って、「タカアマガハラ」という形は本来なかったことを強調している。

(2)「高天原《たかあまはら》」の今日的状況と意義

神社本庁の出している冊子やHP等での高天原の読み方は、公式には「たかまのはら」となっている。

しかしながら、これまで祝詞等を聞く機会があり、ときには高天原が、「たかまのはら」や「たかまがはら」の他に、「たかあまはら」と奏上されていた。[39]

神社本庁以外では、平田篤胤の「天津祝詞」等を奏上する神道系教団、のほかに、

初代出口ナオ師と出口王仁三郎師の「大本教」系の教団

初代谷口雅春師の「生長の家」系の教団

初代岡田茂吉師の「世界救世教」系の教団
初代友清歓真師の「神道天行居《しんとうてんこうきょ》」
初代五井昌久師の「白光真宏会《びゃっこうしんこうかい》」
初代岡田聖凰師の「崇教真光《すうきょうまひかり》」をはじめとする真光系教団（御立教順）

など、幾つかの新宗教における「祝詞《のりと》」「祈言《のりごと》」等の奏上は「たか-あま-はら」となっている。

また、国内外で評価の高かった日本画家の出雲井晶は、神話教育にも極めて熱心であった。神社本庁の出版物にしばしば登場し、日本神話の素晴らしさを語り、次世代に伝えることの大切さを説いている。[40]その日本神話の普及に尽力された出雲井晶は、一連の著作で全て「たかあまはら」と表記している。[41]

さらに、靖国神社など主要な神社でも販売され、販売部数も多い『古事記ものがたり』[42]でも「たかあまはら」と表記されている。

神社本庁は、宣命や祝詞奏上の際は「たかまのはら」ではあるが、次世代に伝える際には、「たかあまはら」でも良いということを大らかに認めておられると理解した次第である。

また、日本漫画家協会賞等を受賞している美内すずえの『アマテラス』[43]や「記紀」の一般向け入門書その他[44]でも「たかあまはら」または「たかあまのはら」との表記が散見される。

合気道の祖とされる植芝盛平は、『古事記と植芝盛平』の中で、高天原を「森羅万象を成り立たせている『むすびの力の働き』を示すもの」と説いて、「タ・カ・ア・マ・ハ・ラ」と読み、かつ、一音一音の意味を解いている。

「たかあまはら」の表記は、偽史とされた古史古伝や新宗教関係に少なくない。そのためか学術的世界とは、やや縁遠いものと見なされてきたように思える。

いっぽう、Wikipedia では、「高天原」の「読み方」は、「たかまがはら、たかまのはら、たかあまはら、たかあまのはら、たかのあまはら」と幾つかあり、時期により書き換えられてきた。勿論、Wikipedia は、純粋に学問的というより、世相を反映しているとも言えるかもしれない。

ただし、Wikipedia「高天原」の中核となる次の部分、一般的には「たかまがはら」(格助詞「が」を用いた読み方)が多く見受けられる。ただしこの訓が広まったのは歴史的には新しい。これは「たかまのはら」の連体格の助詞「の」が、同じく連体格の助詞「が」へと転訛したものである。この「たかまがはら」は中世後期〜近世にすでに使用例がみられ、江戸時代の庶民文化、すなわち読本や洒落本など戯作文学の中で広まりを経て一般化されたものと考えられる。上代文学では「たかまのはら」もしくは「たかあまのはら」が正当な訓とされている。

これは、筆者が、2016年3月に「日本神話における『高天原』の訓注の解釈および訓読の転訛に関する研究(教育現場からの考察)」(大月短期大学60周年記念論文集所収)が刊行されたのち、2018年2月8日(木)0時51分に、Wikipedia の「高天原」を書き換えたものであるが、その後、一時書き換えられたものの、ほとんどが筆者の書き換えた原文に戻り、2023年12月3日現在、ほぼ確定稿となっている。心ある識者の協力のお陰でもある。

日本神話における高天原には、多様な読みがあり、何らかの裏付けや歴史的な変遷が存在する。但し、「たかまがはら」については中世以降の読み方であり、上代には存在しなかったことは、[45]前述の通りである。この点に関しては、一般常識の形成に影響力のあるWikipediaを幾分でも改善できたことに感謝したい。

現代日本において、歴史関係の執筆者諸兄の多くが、近世以降の文献資料を渉猟して「高天原」を「たかまがはら」とのみ訓み下し、結果的に多様な読み方を封じてしまっていることは極めて遺憾なことである。記紀神話に関する上代文学研究の成果をふまえ、歴史関係者も虚心となられ、その成果を活かしていくことを念ずる次第である。「たかまがはら」との訓みは、近世を中心とした庶民文化の中でのみ有効である。だが、本来、「記紀」のような上代文学や日本神話、日本古代史、とりわけ日本古代の宗教および精神世界を語るうえでは、明らかな間違いであることを、声を大にして伝えたい。

「歴史とは現在と過去との対話である」[46]とのE・H・カーの言葉を引くまでもなく、古代日本人の精神世界に触れることを欲し、また、我が国の将来を担う青少年に日本神話への関心と理解を与え、その魅力を説くならば、「高天原」にいかなる訓みが相応《ふさわ》しいのか、識者各位に謹んで再考を願うものである。

注

［1］『日本古典文学大系1』（校注　倉野憲司・武田祐吉　岩波書店　昭和46年　p50
「高の字の下にある天の字はアマと訓む。以下「高天原」とある場合はこれに效《なら》って、いつでもアマと訓めという注」
［2］『古事記の達成』神野志隆光　東大出版会　昭和58年　p221
［3］『古事記日本書紀必携』別冊国文学改装版　編集　神野志隆光
Ⅱ 記紀の新しい視点「記・紀訓読を考える」山口佳紀　學燈社　1996　p13
［4］『国語学』（59）「『古事記』訓注とその方法」武井睦雄　1964／12　p37
［5］同掲書　p28
［6］「古事記の訓注について」吉田留『國學院雑誌』昭和16年1月　p42〜55
［7］『古事記の研究』西宮一民　おうふう　1993
［8］「『古事記』訓注とその方法」武井睦雄　p37
［9］『国語史学基礎論』小松英雄　笠間書院　昭和48年　p220〜221
［10］『古事記の表記と訓読』山口佳紀　有精堂出版　1995　p101
［11］『古事記の研究』西宮一民　p176〜177
［12］『講座　日本文学　神話上』監修　市古貞次　編集　稲岡耕二・大林太良
「ムスヒの神の変容」神野志隆光　至文堂　昭和52年　p45

同書の参考文献欄（ｐ２１１）では、西宮一民編『古事記』（桜楓社　昭和48年）を高く評価している。

［13］『日本国語大辞典』第二版第1巻　小学館　２００２　ｐ７８９

［14］『新編日本古典文学全集1　古事記』校注・訳　山口佳紀　神野志隆光　小学館　１９９９　ｐ28

［15］『例解古語辞典』第三版　顧問　佐伯梅友　編者　小松英雄他　三省堂　１９９４

［16］①『最新全訳古語辞典』編集　三角洋一・小町谷照彦　東京書籍　２００６　《「たかあまのはら」の変化した語。「たかまがはら」ともいう》日本神話で天照大御神をはじめとする神々が住むと言われる天上世界

②『新明解古語辞典』監修　金田一京助　編集　金田一春彦　三省堂　２００３　《「たかま」は「たかあま」の約》天孫種族の祖国で天上にあるというもの。天つ国。

③『ベネッセ古語辞典』編集　井上宗男・中村幸弘　ベネッセコーポレーション　１９９９　《「たかま」は「たかあま」の約》日本神話の神々が住む天上世界（以下略）

④国語大辞典『言泉』小学館　１９８９　「たかあまのはら」の転　「天上界、神々の住んだところ」、「転じて天空」

⑤『新編大言海』大槻文彦　冨山房　平成4年「たかまハたかあまノ約」。原は廣き義、［天原ヲ高キニ就キテ云フ語］　⑴天ト云フ同ジ。アマノハラ。オオゾラ。⑵天ツ神ノ坐シマストコロ。アマツクニ。

〔17〕『古典基礎語辞典』編集　大野晋　角川学芸出版　2012　p703

〔18〕「古事記の訓注について」吉田留　『國學院雑誌』昭和16年1月　p42〜55

〔19〕二つの語が連接するときに生じる音変化の一つ。前の音節の末尾の子音が、あとの音節の頭母音（または半母音＋母音）と合して別の音節を形成すること。「三位（さんい）」を「さんみ」、「因縁（いんえん）」が「いんねん」など。

〔20〕二語が複合して一語をつくるときに下に来る語の初めの清音が濁音に変わること。「みかづき（三日月）」の「つき」、「じびき（地引）」の「ひき」の類（広辞苑第三版）。「はなぞの（花園）」「やまばと（山鳩）」「いけばな（生花）」「ときどき（時々）」「えんぎ（縁起）」などの例や「ぐらい」「だけ」などのように名詞に由来する助詞にも見られる。連濁は必ず起こるとは限らない。「赤玉」などは「だま」と濁って読むが、「勾玉（まがたま）」や「水玉（みずたま）」は濁らずに「たま」と発音される。前に来る語に濁音が含まれていたり、清音の後ろに濁音が存在すると連濁が起こらないようであるが、例外もある。また、「それくらい」と「それぐらい」のように、両方使われる例もあり、強調するか否かの場合もあると考えられる。

〔21〕『古事記・祝詞』日本古典文学体系1所収「祝詞」倉野憲司校注　岩波書店

〔22〕「古事記の訓注について」吉田留　同掲書　p42〜55

〔23〕『日本思想史辞典』子安宣邦　ぺりかん社　2001　p141

〔24〕『中世神道論』日本思想体系19　校注　大隅和雄　岩波書店　1982

［25］「『古事記』訓注とその方法」武井睦雄　p35
［26］『古事記』訓注とその方法」武井睦雄　p37～38
［27］『古事記の表記と訓読』山口佳紀　p100
［28］『岩波講座　日本語5 音韻』「アクセントの変遷」小松英雄　1977
［29］『古事記の研究』西宮一民　p177
［30］『古事記・祝詞』日本古典文学体系1
［31］『定本古事記』丸山林平　講談社　1969
［32］『例解古語辞典』p626
［33］いわゆる「若者言葉」に「あざす」があるが、公式な場面では使わない。いっぽう天皇陛下を「天ちゃん」と略す大人もいる。現代の日本人は、皇室（王室）の歴史と意義、陛下、閣下、猊《げい》下《か》等の意味と役割について教育されないままでいる。「陛下」は天皇（皇帝・国王）および皇后・太皇太后・皇太后の尊称、「殿下」は皇族・王族の敬称、「猊下」は高僧や一宗の総裁・盟主・管長の敬称、「閣下」は政治家や大使など高位高官の人や旧勅任官や将官以上の軍人に付ける敬称（大統領閣下、将軍閣下等）など、歴史と伝統を有する国では、その階層や立場を表現することは国際的な常識である。
［34］『古事記』上、中、下巻／太安万侶［撰］：度会延佳　校正　山田（伊勢）：講古堂、貞享4［1687］跋

〔35〕『古事記の研究』西宮一民　p483

〔36〕『定本古事記』丸山林平

〔37〕『本居宣長』日本思想体系40　校注　吉川幸次郎・佐竹昭広・日野龍夫　岩波書店　1978

〔38〕『古事記の研究』西宮一民　p174~175

〔39〕平田篤胤の「天津祝詞」等を奏上する神道系教団。篤胤は様々な神社や神道流派に伝わる禊祓の祝詞を研究しそれを集成した形で「天津祝詞の太祝詞事」というものを示している。

〔40〕『日本人なら知っておきたい「日本神話」』産経新聞出版　2009
『絵で読む日本の神話』明成社　2000　等

〔41〕『日本人の心シリーズ　神話と私たち』神社本庁発行　平成6年

〔42〕『古事記ものがたり』著者　小林晴明　宮崎みどり　サン・グリーン出版　1999
平成27年現在で、「改訂版第18刷」となり、5万4千部を突破しているという。

〔43〕『アマテラス』1　美内すずえ(花とゆめCOMICSスペシャル)白泉社　2009

〔44〕『もう一度学びたい古事記と日本書紀』多田元　西東社　2006　p30
『秘密結社の日本史』海野弘　平凡社新書　2007　p19

〔45〕『古事記の研究』西宮一民　p177　p483

〔46〕『歴史とは何か』E・H・カー　清水幾太郎訳　岩波新書　1962

第二章

「高天原」の重要性

「記紀神話」における「高天原」の表記は、『古事記』において計10回にわたり登場する。上巻に限られてはいるが、日本神話の核心部分、すなわち、天地初発《あめつちしょはつ》、国生み、二神の誓約《うけひ》、日神の天岩戸隠れ、国譲り、天孫降臨等、最も劇的かつ重要な役割を占めている。「高天原」の語句の重要性や特殊性については、近接領域を含む幅広い研究者からも語られている。[1]

『日本書紀』では6回と減少するものの、やはり、天地開闢《てんちかいびゃく》、国生み、神武天皇など重要な箇所で登場する。

しかし「記紀」の中では、「高天原」について特段の説明がなされている訳ではない。これは、この言葉の重要性・尊貴性が、上代の人々にとって自明のことと考えられていたからだと推測できる。

1.「高天原」とは何か

さて、「高天原」とは、どのような世界を指すのか。

前出『例解古語辞典』の「神の住む天上国」と同様に、ほとんどすべての辞書や全集の注記では、第一義に「神々が住む天上世界」と類似の説明がなされている。

いっぽう、古典大系の補注には、「天上界（人間生活の投影された信仰上の世界）」とある。この注記は、当代の人々の信仰心が天上界＝高天原世界を創り出したと解していることを意味している。つまり地上の「中つ国」が先にあって、天上世界が想起されたということになる。ここには近代以降の**自我中心的**（**Ego-centric**）な思考をみることができる。

言うまでもなく、上代は、神話的世界観の時代である。神《かみ》は上であり、人は神々の下《しも》に位置する末裔（子孫）であった。古代人の精神世界を理解するためには、**神中心的**（**Theo-centric**）な発想に近づけることが相応《ふさわ》しいように筆者は考える。

思想体系本『古事記』の補注では、「記紀神話そのものが民衆とは無縁の宮廷神話であったように、高天原も一般的な古代信仰ではなく政治的性格の強い特殊なものである。」[2]と説明している。また、上代人の信仰世界に元来、「高天原」なる概念は存在せず、それは、当時の権力者たち、例えば、藤原不比等らが政治目的のために創出したという言説もある。それらは一つの推論（近代的発想）ではある。当代の為政者が、大陸の王朝国家（中国）を手本として、律令国家体制確立を意図していたこと、そして、それが記紀神話へ影響していることについては否定しない。

しかし、多くの辞書類でも示されている通り、高天原の第一義的意味は、天であり、天上の神々の至高なる世界である。その点は、本居宣長や平田篤胤らの説の通りでもある。

『古事記』本文の冒頭、

天地初發之時。於高天原成神名。天之御中主神【訓高下天云阿麻下效此】次高御産巣日神。次神産巣日神。此三柱神者。並獨神成坐而。隱身也。次國稚如浮脂而。久羅下那州多陀用幣琉之時【琉字以上十字以音】如葦牙因萌騰之物而。成神名。宇摩志阿斯訶備比古遅神【此神名以音】次天之常立神【訓常云登許訓立云多知】此二柱神亦獨神成坐而。隱身也。[3]

「天地初發《あめつちはじめ》の時《とき》、高天原《たかあまはら》に成《な》れる神《かみ》の名《な》は、天之御中主神《あめのみなかぬしのかみ》。次《つぎ》に高御産巣日神《たかみむすひのかみ》、次《つぎ》に神産巣日神《かむむすひのかみ》。この三柱《みはしら》の神《かみ》はみな、獨神《ひとりがみ》と成《な》りまして、身《み》を隱《かく》したまひき。

次《つぎ》に國稚《くにわか》く浮《う》きし脂《あぶら》の如《ごと》くして、海月《くらげ》なす漂《ただよ》へる時《とき》、葦牙《あしかび》の如《ごと》く萌《も》え騰《あが》る物《もの》によりて成《な》れる神《かみ》の名《な》は、宇摩志阿斯訶備比古遅神《うましあしかびひこぢのかみ》、次《つぎ》に天之常立神《あめのとこたちのかみ》。この二柱《ふたはしら》の神《かみ》もまた、獨神《ひとりがみ》と成《な》りまして、身《み》を隱《かく》したまひき。」（書き下し文：筆者）

また、『旧約聖書』創世記第一章、

「初めに、神は天と地を創造された。地は形なく、むなしく、闇が淵の面にあり、神の霊が水の面を動いていた。神は〈光あれ〉と言われた。すると、光があった。神はその光を見て、良しとされた。神は、その光と闇とを分けられた。」（日本聖書協会１９７３）

この『旧約聖書』成立に影響を与えたのが、ペルシャで発生し、現存する世界最古の宗教とされるゾロアスター教（拝火教）である。聖典『アヴェスター』では、宇宙の歴史は一万二千年とされ、そのうち天地創造は、最初の六千年間だとされる。

始めは、宇宙には何も無く、空虚だけがあったが、善と悪、光と闇だけが存在した。善の神で全知のアフラ・マズダは無限の光に包まれたはるかな高みに、悪の神アンラ・マンユは暗黒の深淵に、それぞれあった。宇宙にはまだ何も存在しなかったので、善の神アフラ・マズダは、天地の霊的世界を作り上げたとされている。

ゾロアスター教の開祖ザラスシュトラ（紀元前7世紀－没年不明）は、古代アーリア人の神官であったとされる。そのため、ゾロアスター教は、長くアーリア人の諸宗教の一派とする説[4]もあり、であれば『リグ・ヴェーダ』についても触れる必要があるが、その点は機会を改めたい。

いずれにせよ、これら創世神話は、原始・古代社会の人類に共通する神話的世界観であり、ともに、この世界、この宇宙の始源・根元を示すものである。

ただ日本神話が、天地開闢《かいびゃく》の物語であるならば、『旧約聖書』は、天地創造の物語となっている。すなわち、聖書では、究極的存在＝絶対神が最初に現れ、全てを創造している。

いっぽう、日本神話では、「無から有」が生じせしめられるといった内容で、世界の始まり（國稚如浮脂而。久羅下那州多陀用幣琉之時）と神々の生成（如葦牙《アシカビのごとし》因萌騰之物而）が同時に語られ、世界を創造した究極的存在＝絶対神が表に現れていない（あえて語られていない）。

『古事記』では、天之御中主神（あめのみなかぬしのかみ）が最初に成《な》り生《な》りなっており、天地根元の親神であることが分かる。仏教における「大梵天」に相当される。ユダヤ教のヤハウェ、キリスト教の「天の父」、イスラム教のアッラー、も同様に、天地根元の親神であるが、天之御中主神は、創造神・唯一絶対神とは表現されていない。

『日本書紀』（本文）では、

「悠遠なる昔、天地《あめつち》は未だ分かれず、陰陽も何もない状態（無）から、鶏子《とりのこ》（鶏卵の身）のように混沌とした状態となり、澄んで明るいものは、薄く広がって天に、重く濁ったものは地になった。天となるものは動きやすく、地となるものは固まりにくかったので、天が先に生まれ、次に凝り固まっていき形となり（有）、地が生まれた。そのような中から神々と、この世界・日本（大八州島《おおやしま》）が生まれた。すなわち、独神《ひとりかみ》から陽神《をかみ》（男神）・陰神《めかみ》（女神）が生まれ、目合《まぐあ》う（見つめ合う・交わう・結婚）ことで夫婦となり、神々を産んでいった。」（現代語訳及び要約：筆者）

平田篤胤は『古史成文』神代上において、「高天原」の箇所を「天御虚空」（あまつみそら、あまのみそら）と記している。「虚空」は、「無」を意味するものだが、古神道を重視した篤胤のそれは、まさしく「**無から有**」を生じせしめる「神の霊力」の発動を予見させている。

ここに、高天原の第一義的意味がある。ここには、悠遠なる天地開闢《かいびゃく》の歴史が背景にある。

すなわち、宇宙と世界の始まり、そして、日本人の起源、日本列島の旧石器文化から、続く一万四千年にわたる縄文文化という人類史上で稀有、かつ最長のスパンを経て育まれてきた最古級の原初的な祭祀世界（原始神道・惟神《かんながら》の道）がある。

筆者はこれを「**天の高天原**」と表現したい。

いっぽう、高天原の第二義的意味とは何か。それは、皇祖神天照大神の統治する神々の、写し絵の世界である。その写し絵とは、天皇《スメラミコト》や宮廷貴族によって統治される現実世界とも言える。

高天原の第二義的意味は、天地初発の頃より遥《はる》か後の時代、いわゆる歴史時代の神話伝説におけるものであり、基本的には後世の文献研究の対象となってくる。

記紀神話には、出雲をはじめ、山代《やましろ》（山城）、胸形《むなかた》（宗像）、大和の香久山《かぐやま》等、高天原の中に具体的な地名が登場する。これらから神々が降臨した地、すなわち、かつて神々を祭る神都のあった地を高天原と表記していることが分かる。これを筆者は「**地の高天原**」と呼称するものである。

「高天原」とは、神界のまつりごと（政治）の中心である。「天の高天原」から、神霊が現界に天下《あまくだ》り（肉体化して）、肉体化をした神であり現界の祭主である天皇《スメラミコト》（現人神）が宮都や宮廷等（「地の高天原」）でまつりごと（政治）を執り行う。ゆえに天皇《スメラミコト》は、「天津神を祭るとともに、自らも祭られる神」である（和辻哲郎『日本倫理思想史』）。

ゆえに、かつて超太古、天皇《スメラミコト》が祭りを行った中心地（神都）が、後世に「地の高天原」に比定されるのである。

写真3　日本の高天原の一つと考えられる霊峰 富士山　米山豊氏提供

また、この世界の高天原が、日の本とすれば、日本の高天原は、神奈備山《かんなび》の代表格である美しいピラミッド型（三角錐）の富士山（**写真3**）が、最初に挙げられると、筆者は考える。現実世界の高天原の場所については、第三章で述べたい。

今後、高天原については、人類学・考古学・神話学・古代宗教学等、幅広い学際的研究が必要であろう。

2. 古神道（惟神の道《かんながら》）の始源はどこにあるのか

日本古来の信仰（祭祀）には、主に、自然崇拝と祖霊崇拝がある。古代人が聖なる祭りを行った場所には、神籬《ひもろぎ》、磐座・磐境《いわくら・いわさか》といった神祭りが行われた巨木や巨石群の基となる、柱石（メンヒル）や木柱を立てられていた遺構などが発見されている。

神籬とは、祭祀の際の依り代《よしろ》となるもので、神様が降り立つとされる清浄な地に常盤木（松のような常緑樹）を使って垣根で囲い聖域とした。「ひ」は「霊《ひ》」で、「もろ」は「天下る＝【あもる】からの転」、「ぎ」は「木」を表すとの説もある。

巨石文化といえば、支石墓《しせきぼ》（ドルメン）がしばしば語られ、これらは、新石器時代から初期金属器時代にかけて、世界各地で見られる巨石墓の一種である。ここでは、それ以前の遺構を取り上げたい。

例えば、縄文時代における石川県チカモリ遺跡・真脇遺跡の木柱列（**写真4**）や秋田

写真4　石川県真脇遺跡（縄文前期～晩期）の木柱列（ウッドサークル）の復元　筆者撮影

写真5　三内丸山遺跡の大型掘立柱建物と大型竪穴住居（復元）　筆者撮影

県大湯遺跡、青森県小牧野遺跡のストーンサークル等の祭祀遺跡（とりわけ太陽祭祀）などが挙げられる。

すでに、有名な青森県三内丸山遺跡**（写真5）**の大型掘立柱建物（縄文前期から中期）や秋田県大湯遺跡の環状列石（縄文後期）にも太陽信仰のあとが指摘されており、[5][6]日本の古代人の信仰世界を垣間見ることができる。

古神道（惟神の道）は、宇宙・天地自然の法則に随順する生き方を目指す実践宗教（日本民族の習俗）であり、神の子である人《ひと》の生き方・在り方や祭祀について、口承で、部族の長老（祭祀的統率者）から子孫や弟子に伝えられたものである。ゾロアスター教が、現存する世界最古の教条的な宗教とすれば、古神道（惟神の道）は、まさに教義教理を持たない現存する世界最古の宗教であると言える。

これからの神代史の研究は、さらには、古神道の起源（原始神道）の研究は、奈良・平安時代にとどまらず、弥生・古墳時代はもちろん、縄文・旧石器時代まで遡った研究が必要だと考える。

なぜなら日本列島の旧石器時代や縄文草創期にも、実用器（利器や武器など）ではない確かな祭祀遺物が少なからず存するからである。

例えば、大分県岩戸遺跡出土の石偶（**写真6**）は、約2万5000年前であり、この岩戸遺跡よりさらに4000年以上古い鹿児島県耳取遺跡では、頭部や手足を省略し女性像を線刻した石偶（「耳取ビーナス」）が出土している。

また、縄文草創期の愛媛県上黒岩遺跡から出土した立体女性像の石偶は1万4500年前、その後、1万3000年前頃には三重県粥見井尻遺跡や滋賀県相谷熊原遺跡の土偶がある。

ユーラシアには男根形の象牙に記号化した女性器を表現した男女交合の象徴物がある。

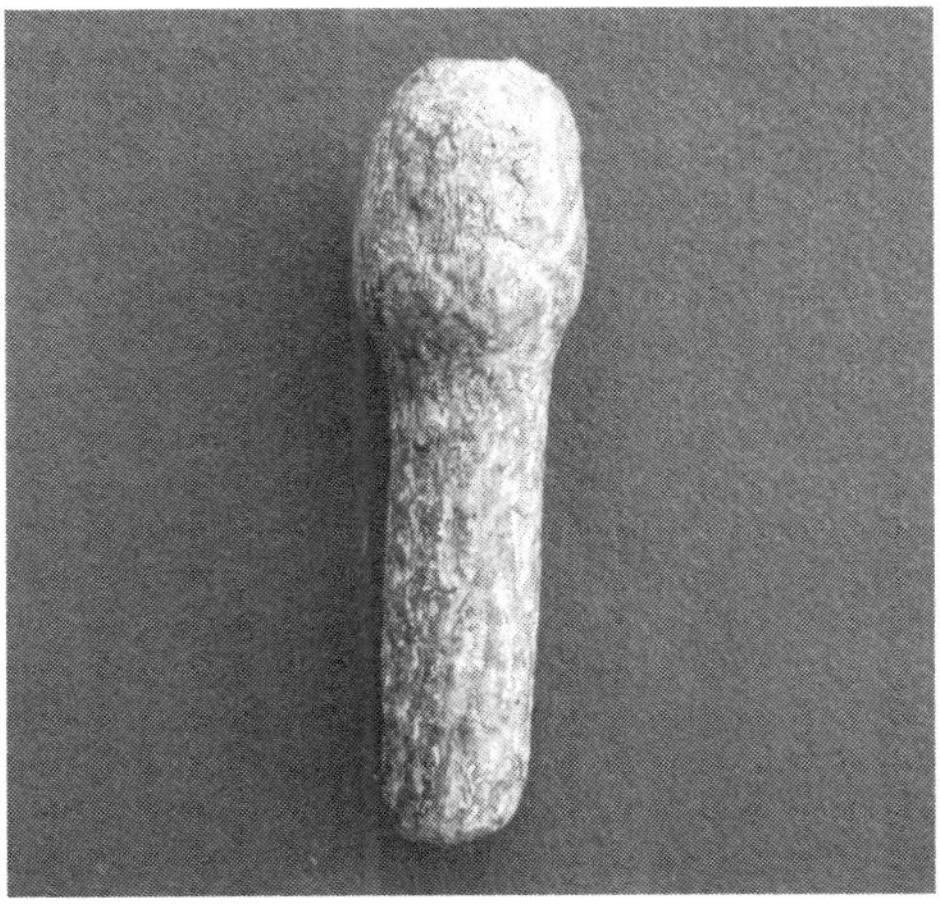

写真6　大分県岩戸遺跡出土「こけし状」石偶（複製）
大分県立埋蔵文化財センター所蔵。原品は東北大学所蔵。

立体女性像を妊娠・出産にかかわる護符とみるならば、それは妊娠あるいは出産を促す呪術や祭儀を示すものと考えられるであろう。上黒岩遺跡出土の棒状の石に羽状文や三角形を彫った線刻棒も、同様の目的をもって使用していた可能性[7]がある。

神話の研究に、いたずらに政治思想ばかりを持ち込むのは、唯物主義に偏頗《へんぱ》な論調ではないかと筆者には思われる。もっと当時の精神世界を重視すべきであろう。

宇宙や自然の中に神々をみて、自然神や祖霊の存在を身近に感じた古人《いにしえびと》の信仰世界は、尊重されるべきであり、それをことさら低くみることは、戦後日本の甚だ悪しき風潮である。

3.「記紀神話」における三輪山、および縄文祭祀と巨石文化

(1)「記紀神話」における三輪山

神が宿る山とされる三輪山(写真7)は、同じく神奈備山《かんなびやま》の一つで、低いピラミッド型に近い山形をしている。古くから信仰対象で、山自体が大神神社《おおみわじんじゃ》のご神体となっている。

大神神社の祭神は、大物主大神で日本神話にしばしば登場する。「記紀」にみる三輪山伝説には、大国主神と大物主大神の出会いと習合、大神神社の由緒、活玉依毘売《いくたまよりびめ》の神婚伝説、崇神天皇の夢に出た大物主神の神託などが語られている。

三輪山の祭祀遺跡としては、辺津磐座、中津磐座、奥津磐座などの巨石群、大神神社拝殿裏の禁足地遺跡、山ノ神遺跡、狭井神社西方の新境内地遺跡などがあり、多くは古墳時代の遺構とされている。[8]

しかし、三輪山周辺からは縄文・弥生の遺物も出土しており、これらとの関連研究も

写真7　三輪山　筆者撮影

期待される。縄文・弥生遺跡とその後の変遷、および類似の山と遺跡も含め、大いに研究の余地がある。

ご神体である三輪山の山頂には、現在は高宮神社が祀られている。祭神は、日向御子神（日向王子）であり、日向御子の御神名から日神（太陽神）信仰を窺い知ることができる。

延長五年（927）にまとめられた「延喜式神名帳」（『延喜式』巻九・十）には神坐日向神社《みわにいますひむかいじんじゃ》の名があり、三輪山頂上の高宮神社と式内社の神坐日向神社《みわにますひむかいじんじゃ》とは論社《ろんしゃ》とされる。論社とは、似たような名の神社が二つ以上あって、どれが『延喜式』に記されている神社か決定し難いものをいう。

日向神社は、古代には三輪山の頂上に祀られ、太陽祭祀に関わっていたとの説もあるが、太陽神を祭祀したことは実際に登頂・礼拝してみるとよく分かる。巨石が、山の中腹や山頂付近に散見され、祭壇のような巨石や太陽を模した球形に近い巨岩が、長年の風化・劣化に耐えて、意図的・人為的に配置された跡を感ずる（山中は原則写真撮影禁止）。祭司は、ここで太陽神に祈りを捧げ、「日読《かよ》み」（後の暦《こよみ》）を行い、祭事を執行していたのであろう。古代の大王《おおきみ》、後の天皇（スメラミコト）は、その祭司の中でも最高位（至高）の祭司であったと推察される。

太陽崇拝の祭儀跡は、大規模集落である三内丸山遺跡等でも見られ、少なくとも縄文時代前期（約５８００年前）頃には確立されていたと考えられる。筆者は、縄文祭祀において統一的な族長やシャーマンが行った役割を、後の大王《おおきみ》・天皇（スメラミコト）は、担っていったとも考えている。

(2) 縄文祭祀と巨石文化

原始・古代の太陽祭祀・山岳祭祀等に関わる可能性をもつ巨石文化の跡は、日本列島の山々に多数散見される。

三輪山の他にも、例えば、九州宇佐の米神山や八面山巨石群、熊本の拝ケ石巨石群、広島の葦嶽山やのうが高原の巨石群、宮島弥山の巨石群、四国足摺岬の巨石群、岡山の笠岡諸島巨石群、神戸の六甲山巨石群、奈良の神野山・鍋倉渓巨石群、滋賀の三上山巨石群、飛騨高山の位山や笠置山および金山巨石群、赤城山系の巨石群、筑波山系の巨石群、栃木名草の巨石群、青森の大石神の巨石群など[9]、である。

これらの山々の多くは、ほぼピラミッド型（三角錐）の美しい山容で、狭い平地の頂上付近には「太陽石」・「方位石」と呼称される「磐座《いわくら》」と神社（奥宮《おくみや》）がある。見晴らしが非常によく、遠見・国見に適しており、いわゆる絶景ポイントとも言える。頂上付近では、四方に、あるいは階段状に巨石が斜面に並んで置かれている場合が多い。また、ピラミッド状の山の麓に拝殿として、上面が平らな巨石の「祭壇石」があったり、後に神社（里宮《さとみや》）となるお社《やしろ》があり、今も崇敬の対象とされている。山の近くには、環状列石（ストーンサークル）を持つ縄文遺跡等もあり祭祀遺物も出土している。

筆者も、前述の巨石群の約半数を実見させていただいたが、確かに、〝鏡岩〟などと呼ばれる5メートル前後の巨石がいくつも重なり合った姿、また、8～10メートル近い立石（**写真8**）の存在は、単に「偶然にそこにある」というより、「意図的にそこに置かれた」という可能性を否定しきれない。ほとんどは、草木が生い茂り亀裂・断裂等が甚だしい。

写真8　宇佐の八面山の立石　筆者撮影

本来ならば、きちんと整備・保全すべきであろうが、残念ながら、その価値は未だじゅうぶんに認められてはいないのが実情である。

しかし、長年にわたる天変地異や偶発的な破壊・人為的な破壊を乗り越えて、それでもなお、古代人の智慧とパワー（霊力）、そして、我らが祖先たちの往時の面影を心の底の魂の部分で感じることができたのである。

拝ケ石巨石群や金山巨石群の中央付近では、3つの石が重なり合った間に数人が座れるスペースがあり、夏至の日の正午になると、3つの石の上部の隙間から光が差し込み、三角形（矢印）となって地表や石面を照らし示すという構造となっている。[10]

また、四国・足摺岬の巨石群近くには、縄文時代早期末（７０００年前頃）から弥生時代にかけての唐人駄場遺跡があり、石器や土器片、黒曜石の矢じり等が多く出土している。さらに、金山巨石群近くの岩屋岩蔭遺跡は、縄文時代前期（６０００年前頃）の遺跡であるが、遺物が多数発見されているだけでなく、太陽観測施設であろうともされ、国際学会で報告もされている。

つまり、年間を通し太陽観測ができる巨石構造であり、石組みに射しこむ太陽のスポット光で、夏至・冬至、春分・秋分が分かるようになっている。さらに、太陽のスポット光のズレにより、４年ごとに訪れる「うるう年」までが分かるという。表面に観測の際につけたとみられる刻みがある巨石も確認できる。縄文人はかなり高精度の暦を使用していたとされる。縄文人の信仰世界を知るのみならず、縄文人の科学力も見えてくる。

本格的な農耕以前の社会であっても、四季の恵みを効率的に活用し、有用作物の栽培技術や食糧の保存技術と知識に長け、太陽観察に基づく暦（縄文カレンダー）をも持っていた縄文人は、世界最古かつ最長の持続可能社会を形成していたのである。まさに、縄文文化は、ＳＤＧｓの元祖ともいえる社会を創造した最も文明度の高い文化（従来の文明観と違う新しいタイプの文明＝新文明）であると言えるだろう。

4. 高天原の形態素《けいたいそ》、および「高」、「天」、「原」の字義

古代の日本人は、神々が生り成りなった場所、至高の世界を「たかあまはら」あるいは、「たかあまのはら」と畏敬の念で称名し、当時、大陸から伝わった漢字を当てて「高天原」と表現したと推測する。漢字は一字一字に意味が込められた表意文字である。

高天原の形態素（言語学用語。意味を持つ最小の単位。ある言語においてそれ以上分解したら意味をなさなくなるところまで分割し抽出された、音素のまとまりの一つひとつ）は、「高」、「天原」と考えられている。しかし、「高」、「天」、「原」それぞれが、単独に意味を持つ最小の単位であるとも考えられる。「高」と「天原」・「天の原」の用例が多いとは言え、「高」、「天」、「原」が、それぞれ別個で使われている用例もある。

本居宣長も『古事記伝』で、「高天原」を「高」「天」「原」と分け、各々その意味を吟味して「高天原」についての説明を行っている。

「天」をアメではなくアマと訓ずる場合は、「天照大御神」といった神名の他、「天雲」、「天の安河」、「天翔る」「天降る」等のように単独では用いられず、よって、他の形態素とともに現れる拘束形態と捉える立場もある。

しかし、「高天原」の場合は必ずしも、その通りであろうか。「高天原」の「天」は、訓注の指示によりアマと訓んだとしても、アメとアマの両方の性質を含む奥行の深い意味を有している。このため、単純に拘束形態のみとは断定できない部分がある。

『日本国語大辞典』では、「天（アマ）の語素に、天に関する事物、また、高天原に関する事物に冠して用いる」とあり、「天雲」、「天路（あまじ）」、「天人（あまびと）」「天降（くだ）る」等を例としてあげている。[11]しかし、次に示す『万葉集』の柿本人麻呂の歌と室町末の御伽草子をみてみよう。

「ひさかたの天《あま》ゆく月を網に刺しわご大王《おおきみ》はきぬがさにせり」

（万葉十七・三九三三）

ここでは、広々とした夜空である「アマ」と「ゆく」はそれぞれ単独で意味をなしている。

「あま吹きおろす松風の、岩が根騒ぎ当たるをば、人やあるかと疑われ」（唐糸草子）

大空の「あま」から吹きおりてくる松風であり、「あま＝吹きおろす」または「あま＝吹き＝おろす」の語形構造であり、やはりそれぞれ単独で意味をなしている。

たか・い（高い）とは、『広辞苑』第三版によれば、

❶空間的な位置が上方にあって下との距離が大きい①上方に長く突き出ている。そびえている。②上にある。はるか上方にある。❷物事の程度が他よりはなはだしくすぐれている。ある基準を超えている。①高貴である。②すぐれている。立派である。

『字訓』[12]によれば、

高（たかし）とは、

上に大きいことをいう。…「たかくら」「たかしく」「たかてらす」「たかひかる」など、

みな神聖なもの、尊貴の人の座所や行為についていう語。「ひくし」の古形「ひきし」はなお上代語にみえず、「たか」「たかし」はもと対義語を持たぬ語。「たか」のままで、神聖なことに関して、名詞や動詞に冠して複合語を作ることが多い。

高（こう）とは、

京（凱旋門）の下に祝詞を収める器の形である口を置く形が高であり、重要な呪儀を行うところ。神を迎えて祀るところで、のち祖霊の最も貴いものを高とよんだ。わが国でも「たか」は神聖なものをよぶときの美称に用い、必ずしも高低の意味ではない。古くは対義語を持たない絶対のものが、「たか」である、とある。

すなわち、高とは、単独でも意味を持つ語で、主に神明を表す意と解することができる。

あま（天）とは、「アメ」の古形。そら。てん。

『大辞泉』では、あま【天】《「あめ（天）」の古形》てん。そら。あめ。

［補説］複合語を作ったり、「あまつ」「あまの」の形で体言にかかったりする場合に多く用いられる。→天（あま）つ→天（あま）の

「あをによし奈良の都にたなびける―の白雲見れど飽かぬかも」
〈万葉・三六〇二〉

『大辞林』第三版では、あまつ【天つ】（連語）〔「つ」は「の」の意の上代の格助詞〕
天の。天にある。天上界に所属する。
また、あま‐の【天の】［連語］について『大辞泉』では、

1 天（てん）の。
2 高天原（たかまがはら）の。
3 神聖な。

［補説］「あめの」よりも古く、熟合度が高いが、語によっては「あめの」と読まれるものもある。→天（あめ）の
あめ【天】について『大辞泉』では、

１地（つち）に対して、空。

２天にあって神や天人の住む所。天上界。

天（あま）とは、『字訓』[13]によれば、

「あめ」ともいう。天上のものをいうときの接頭語として加え、また美称として用いることも多い。地に対する語で、天皇家と他の豪族との関係を示し、神話的な、神聖に関する語に用いる。（略）人の大きな頭を示す字形。大は人の正面形。その上に大きな頭をしるす。（以下略）

天（あめ）とは、『古典基礎語辞典』[14]によれば、

古形アマ（天）の音韻交代形。（中略）記紀の神名では、アメに対してクニ（国）が使われているので、地上の世界であるクニに対し、天の国、すなわち、「天《あま》つ神」の住む天上世界を指す。その後、アメはツチ（土）の対義語として、単なる天や空の意でも使われる。アメの単独例は、ほとんど上代に限られ、中古以降は、「天が下《した》」「天の下」（中略）など熟語の形で使われることが多い。なお、上代では、アメよりもアマが冠して熟

語になった例の方が数多くある。これは、アメが新しい形なので、翻訳語の「天地」「天人《あめびと》」及び外来の新しい文物「天金機《あめかなばた》」などわずかな例しかないのに対し、アマのほうは、「天翔（がけ）る」「天降（くだ）る」「天雲」、「天路（あまじ）」、「天照らす」など熟語化した用例が多いためである。

つまり、日本古来のものについては、アマを冠して用いるのが普通だった。

てん【天】について『大辞泉』では、

1 地上を覆って高く広がる無限の空間。大空。あめ。「―を引き裂く稲妻」
2 天地・万物の支配者。造物主。天帝。また、天地・万物を支配する理法。「運を―にまかせる」「―の助け」「―の恵み」
3 仏語。
①六道（ろくどう）のうち、人間界より上の世界。天上界。
②天上界にいる神や、その眷族（けんぞく）。
4 キリスト教で、神のいる所。天国。「―にましますわれらの父よ」

5本・掛け軸・荷物などの上の部分。「—地無用」⇕地。
6物事を「天・地・人」の三段階に分けたときの、第一位。
以下略

天（てん）とは、『字通』[15]では、
「顛なり。至高にして上なし」「人為の及ばぬことすべて天という」とあり、
①人の頭 ②あめ、そら、最もたかいところ、神ののぼりいますところ ③天体、太陽 ④主宰的な神、造物主、その意志 ⑤自然、人為をこえたもの（以下略）。

原（はら）とは、『字訓』[16]によれば、広くたいらなところをいう。「ひろ」「ひら」「はろばろ」、また「腹」と同源。海原・大原のように複合して用いることが多い。

原（げん）とは、いま原野の意に用いるが、その字は崖の間から泉が流れ落ちる形で、源泉の源の初文。（本来、原野の字は）狩猟に関する儀礼を意味する字であった。『字通』では、原《げん》とは、源と同義で、源、始まりを表す。

西郷信綱は、その著『古事記の世界』で、天地《あめつち》の「天」と高天原の「天」と範疇を異にする二つの天があると指摘している。すなわち、「前者は地を覆う物理的自然としての天であるとすれば、後者は神話的他界としての天」であると範疇上の相違を説いている。[17]また、大和の香久山が高天原にもあることに触れ、「山の頂は最古の【天】であった。そして大和の香久山は天への昇り口であり、祭式的にはそこから直ちに高天の原にいるとかつて信じられていた」と推測している。[18]

天（テン）の訓の古形はアマであり、天の元の意味は、神々の世界、つまり神話的他界である。それが、転じて、物理的自然としての天＝空、天空となり、その天から降り注ぐ水がアメというようになったとされる。

それゆえ、あめ（雨）の古語は「天水」であり、アマミズという。自然現象として単に水が落ちてくるだけでなく、そこには天恵・天与の意味も含んでいると考えられる。それが、やがて自然現象としての雨、雨水となる。あめ（雨）の古形は「あま」であり、それが複合語中に残っているという説がある。[19]やはり、雨水（あめみず）と言わないのは古語にゆかりがあるからであろう。

5. タカアマノハラではなくタカアマハラである

『古事記』では、【高天原】と記され、「之＝ノ」が入っていない。さらには『天』はアマと訓ぜよ」と特に訓注を施してあることは再三述べた。

これは、「たか-あめ-の-はら」でなく「たか-あま-の-はら」と読み分けられることを示すものとされている。[20]宣長の『古事記伝』でも、そのように述べられている。果たしてそうであろうか。

「高天原」と類似をあらわすべきかたちとして「天原」がある。

「天」の古形は「あま」であり、「あめ」の方が後になって出た読みである。さらに「天原」が「あめ-の-はら」と読まれた例はなく、「あま-の-はら」は古形のままで現在に至っている。「天降る」(あまくだる)「天雲」(あまぐも)などと同様である。であるならば、「たか-あめ-の-はら」でなく「たか-あま-の-はら」と分かりきったことをわざわざ示す必要があるのか。

『古事記』の序文で『古事記』の読み方を説明しており、このことは第二章で確認済みである。「辭理叵見以注明」、つまり「言葉が理解不能ならば注をつけ明らかにする」、また「意況易解更非注」、つまり「意味が易解なら、ことさら注はつけない」という。そうであるならば、ここは、「たか-あま-の-はら」または「たか-あま-はら」であろう。

しかし、「天原」が「あま-はら」と読まれた例はない。[21] すると、このままでは『古事記』の読者が「たか-あま-の-はら」と読むことになる。そこで、わざわざ「天はアマと訓ぜよ」と特に訓注を施し「たか-あま-はら」である事を示す必要があったのではないか。そのように筆者は考える。

本来は、高天原は「たか-あま-はら」であるが、そこに「之=の」が入って訓読されることによって生じる懸念を改めて述べたい。

高天原=「たか-あま-の-はら」の読みは、連続する母音の消失により「たか-ま-の-はら」となる。この読みは上古から、特に近世から現代に至るまでの主流になっているが、「たか-ま-の-はら」の「マノ」が「マガ」と容易に転訛することである。「の」と「が」は、共に格助詞で連体格を示すという共通の働きがある。すなわち、共に名詞を修飾するということから、「の」から「が」に変じ易かったのであり、ここに大きな問題をはらんでいる。

『広辞苑』には、「が」は「の」にくらべ、低い敬意で遇するという見解が示されている。

また、大野晋編『古典基礎語辞典』では、格助詞のガとノは、人称代名詞または人を指す名詞につく場合、ガが自分の身近な者を対象とし、卑下・親愛・無遠慮などの意を示すのに対し、ノは「神の御代」「大君のみこと」のように尊敬・敬避などの意味を示すという相違が上代から中世頃まで見られる、とある。[22]

そうすると、「たかあまの」「たかまの」と訓じた方が、「たかまが」と訓じるより、より高い敬意を表すということになる。

つまり、古代の訓の方が、神々の世界や皇室の権威に対し、より敬意を払っているということになる。

高天原は、至高なる神々の天上世界であり、天津神や皇祖神天照大御神が主宰する聖なる空間である。『古事記』の作者・誦習者は、「まの」と伝えられることによって「まが」と転訛し、聖なる空間の尊貴性が汚されることを懸念して注を附したものと考える。

また、天之御中主神（あまのみなかぬしのかみ）と読ませず、（あめのみなかぬしのかみ）

と読ませるために、「高天原」との読みに区別をつける必要があったともいわれる。それゆえ天之御中主神の神名の直下に注記したとされているが、天之御中主尊（あまのみなかぬしのみこと）と古形で読む事例もある（傍線は筆者）。古典大系の『日本書紀　上』の注には「アマと訓むかアメと訓むかは、訓注や底本・兼夏本・釈紀等の訓によった。以下同じ。」とあり[23]、天常立尊（あまのとこたちのみこと）天鏡尊（あまのかがみのみこと）とすべてアマと続く。校注者が訓注や伝本等でどの読みを取捨選択するかで変わってくるのである。

『日本国語大辞典』[24]においては、天之御中主神（あまのみなかぬしのかみ）以下すべてアマを優先し、『古語大鑑』[25]においては、天岩戸（あまのいわと）、天の河原等、一部でアマを優先している。

6. 記紀の中の「高天原」と表記の違いの意味

(1) 記紀の中の「高天原」

『古事記』の8年後に編纂された漢文体である『日本書紀』では、「高天原」の表記は、6か所に限られ、本文ではない「一書（あるふみ）に曰く」のところに3回登場する。これは、『日本書紀』において、「高天原」の重要性が低減したことを意味するものではない。神道学者の鎌田東二も「天皇の神聖と権威は高天原に由来することを、『古事記』では極めて大胆に、『日本書紀』はきわめて細心かつ効果的に主張している」[26]と指摘するように、むしろ「高天原」の重要性がより巧妙に表現されたと言ってよい。

ところで、この『日本書紀』では、【高天之原】と記し、「之＝の」が入る箇所が2つある。わざわざ「之＝の」が入っている以上は、ここは、「たか-あま-の-はら」または、「たか-ま-のはら」と訓読されることは明らかである。

①神代　第五段　第十一の一書（古典大系　日本書紀上　101P）

「一書曰　伊弉諾尊勅任三子曰　天照太神者　可以御【高天之原】也」

②神武天皇　辛酉年春正月庚辰朔条（同上　213P）

「故古語稱之曰　於畝傍之橿原也、太立宮柱於底磐之根、峻峙搏風於【高天之原】、而始馭天下之天皇、號曰神日本磐余彦火々出見天皇焉」

しかし、以上の二か所だけですべてを判断すべきではない。二か所以外は【高天之原】ではなく、すべて【高天原】である。

①神代上　第一段　冒頭の第四の一書（古典大系　日本書紀上　79P）
②同　第四段　第三の一書（古典大系　日本書紀上　85P）
③同　第六段　本文（対照神代記紀[27]　35p）
④持統天皇　巻三十冒頭（古典大系　日本書紀下　485P）

③は、天照大神と須佐之男命の「ウケヒ（誓約・受霊《うけひ》）」の場面である。

④の持統天皇の和風諡号は、「高天原広野姫天皇」で「之＝の」がない。それでも古典大系本は「たかまのはらひろのひめのすめらみこと」と訓読している（日本書紀下484P）。上代語の省音（消音）の法則に合わせて表記したに過ぎない。

いっぽう、寛文板本の『日本書紀』では、持統天皇の御名「高天原広野姫」の傍注には「タカアマノハラヒロノヒメ」とあり、消音せずに古形の「あま」を残している。また『日本國史略』（『増補點註國史略』）にも、高天原廣野姫天皇（タカアマノハラヒロノヒメスメラミコト）とある。

（2）「高天原」と「高天之原」表記の違いの意味

『日本書紀』における「高天原」表記の違いは、いったい何を意味するのか。

そこには、「高天原」と「高天之原」とそれぞれの時期や立場で、古くは「たか-あま-はら」、そして「たか-あま-の-はら」あるいは、「たか-ま-の-はら」と訓読の使い分けがなされたものと考えられる。

それはまた、『古事記』と『日本書紀』の違いでもあり、『日本書紀』は「一書に曰く」と多様な出典を開示しているが、『古事記』は「一つの神話」にまとめ上げ、【訓高下天云阿麻下效此】等の訓注をつけて読みも統一を図ろうとしている。誦習の筆録による『古事記』と文献中心の『日本書紀』では内容にかなりの違いが出てくるであろうが、『古事記』の方は古語や古形が意識的に残され、『日本書紀』では、部分的に古語・古形を垣間見ることができる。

「高天原」の表記は、『古語拾遺』には、本文の天孫降臨の神勅と注（祝詞説明）の二か所にみられる。他は『常陸国風土記』（香島郡）に、「高天原」と「天之原」（内容的には「高天之原」）がそれぞれ一語ずつ記されているのみである。[28]

いずれにせよ、『古事記』も含め、多い用例を採るべきである。であれば、「之」がない「高天原」が本来的な（より古形の）表記と考えられる。また、訓においても、「の」を介さずに読むと考えるのが自然であろう。

以上の点からも、『古事記』の【高天原】の訓注は、「たか-あまのはら」ではなく「たか-あまはら」の訓読を指示していると解釈することができる。

7.「三種の神器」の起源、とりわけ勾玉の起源について

「記紀」では、高天原にのぼった須佐之男命が、天照大神の疑心を解くためにウケヒ（誓約・宇気比・受霊）を申し出た結果、二神は天の安河《やすかわ》を挟んでウケヒを行うこととなった。

まず、天照大神が須佐之男命の持っている十拳剣（とつかのつるぎ）を受け取って噛み砕き、吹き出した息の霧から三柱の女神（宗像三女神）が生まれた。

次に、須佐之男命が、天照大神の「八尺《やさか》の勾玉の五百箇のみすまるの珠《たま》」を受け取って噛み砕き、吹き出した息の霧から五柱の男神が生まれた。

ウケヒの結果、『古事記』では、須佐之男命は「我が心清く明《あか》し。故れ、我が生める子は、手弱女を得つ。」と喜び、須佐之男命の潔白（清き赤き心）が証明されたとされる。『日本書紀』では、男の子が生まれたので、須佐之男命の心が清いと証明できたとされた。

ここでは、剣と玉が、神占の重要な祭器として登場している。

古代からの祭器のなかでも、鏡・剣・玉は、「三種の神器」として、今に皇室に伝えられる。

令和の御代かわり、大嘗祭では「剣璽等承継《けんじとうしょうけい》の儀《ぎ》」が行われた。剣璽の璽《じ》とは、御璽、つまり天皇の印《いん》のことであるが、ここでは勾玉が神璽《しんじ》とされる。

宮中にある三種の神器は、八尺瓊勾玉《やさかにのまがたま》と呼ばれる勾玉だけが実物であり、剣と鏡は形代（レプリカ）である。剣は熱田神宮、鏡は伊勢神宮に、それぞれ実物が安置されているという。

剣（天叢雲剣《アメノムラクモノツルギ》）は、日本武尊が、第十二代景行天皇の命で東国に向かう前、伊勢にて倭姫《やまとひめ》から授けられたものである。日本武尊は東国平定の後、伊吹山で薨去《こうきょ》されたので、妃の宮簀媛《みやずひめ》が熱田神宮を建てこの剣（草薙の剣）を祀った。

鏡は、「天孫降臨」の場面で登場する。このとき邇邇芸命《ににぎのみこと》は、天照大神から「此れの鏡は専ら我が御魂として吾が前を拝くが如く伊都岐《いつき》奉れ」との神勅を賜っている。

宮中三殿には、東に八百万の神々を祀る神殿、真中に賢所、西に歴代天皇を祀る皇霊殿があり、賢所に鏡が収められ、剣と勾玉は、天皇の寝所に安置される。

天照大神の「天の岩戸隠れ」の際には、賢木《さかき》（神事に用いる常緑樹）の上の枝に八尺の勾玉の玉飾りを、中の枝には八尺鏡を掛け、天児屋命は祝詞を唱え、天宇受売命《あめのうずめのみこと》は天の石戸の前で踊った。

これら祭器の中でも特に重要な意味を持つ「勾玉」の起源は、「神器」の中で最も古いと考えられる。

三種の神器の八尺瓊勾玉は、「瓊」すなわち赤色なので、赤メノウの勾玉であると推察され、この起源は古墳時代頃と考えられる。「八尺（八咫）」は約144cmの大きさだが、これが事実なら、古代の大王は甚だ大柄であったことになる。

卑弥呼の宗女・壱与から魏への朝貢品に「孔青大句珠二枚」があることが魏志倭人伝に記されている。「孔」は穴、青色からヒスイ、「句珠」は「勾玉」、であることから、弥生時代には、穴が空いたヒスイの大きな勾玉2つが魏に贈られたことが分かる。

筆者は、日本独自の祭具かつ装飾品である「玉」の起源については、さらに旧石器時代まで遡ると考えられる。

北海道・柏台I遺跡から約2万7000年前の刻みのある石製装飾品とビーズ状の小玉（琥珀《こはく》製）が出土しているが、玉が宗教的な儀式（葬送儀礼等）に使用されたことが推察できる。同じく旧石器時代の北海道・湯の里遺跡の墓と考えられる土壙からもカンラン岩製のビーズや琥珀《こはく》製の玉、石刃・石刃核・細石刃など14点が出土している。

明らかな祭器としての勾玉の出現は、縄文早期末とされる（**写真9**）。この時期は滑石などの軟質の石材で作られている。破損した玦状耳飾《けつじょうみみかざ》りの修復品や再利用品が勾玉状の形状となるため、勾玉の玦状耳飾《けつじょうみみかざ》り起源が考えられるが、動物の犬歯を利用して作られた「牙玉《きばたま》」とも形状が似ており、こちらも起源として考えられる。[29]

山梨県天神遺跡のヒスイの大珠《たいしゅ》は、縄文前期（約六千年前）のもので硬玉ヒスイの装飾品（かつお節型）としては世界最古である。

縄文中期には、ヒスイ製（硬玉）の大珠《たいしゅ》が隆盛となるが、形状は「かつお節」型か丸型のビーズ状がほとんどで、勾玉状の形状はほとんど見られない。

縄文後・晩期になると、再び勾玉状が隆盛となり、ヒスイ製の「北陸ブランド」とフクサイト（含クロム白雲母）製の「九州ブランド」が盛んに流通する。[30]

弥生時代に、形も定まり、古墳時代には最も盛んに製作された。しかし、奈良時代以降になると、急激に衰退していったのである。仏教の興隆とともに、日本古来の祭儀（古神道の伝統）は、大幅に後退したと考えられる。

写真9　縄文早期末（約7000年前）の勾玉（滑石製）
左は39㎜、蛇紋岩製で「牙玉」の形状と類似。右は14.2㎜。いずれも新潟県六角地遺跡出土。大田区立郷土博物館編図録『勾玉』より転載、原品は糸魚川市教育委員会所蔵　（掲載許諾済）

一般的に、鏡・剣の祭器としての伝統は、わが国に金属器が伝来した弥生時代からと考えられている[31]。確かに銅剣や銅鏡は、当然ながら弥生時代以降である。

ただ、剣については、縄文中期に出現する石棒から変化したとされる石刀・石剣が複数出土（縄文後期〜晩期）している点に注目すべきである。これらは、弥生時代に出現する石剣（磨製石剣・打製石剣）とは明らかに異なる遺物である[32]。

縄文期の石刀・石剣は、石棒と同様、シャーマンや祭司などといった特別の存在が霊力を発揮し、権威を示すための道具であると考えられるが、いずれにせよ実用的道具（武器等）などではなく、祭祀具と考えられている。[33]

鏡の起源については、身を映したというより（身を映すなら水面でも可能）、山頂近くの巨石の石面を磨いて鏡のように光らせ、ときに太陽祭祀に供された可能性を、筆者は考えている。鏡岩《かがみいわ》や円形・球形に近い磐境《いわさか》と呼ばれる巨石[34]がそれに相当する。

鏡岩も磐境同様に、聖域との結界を示すものであると考えられてきた。しかし、実際に鏡岩の実物を見ると、太陽光を反射し、その輝く光を「太陽神の化身」として崇めたのではないか、との思いを強くする。これであれば、多くの民が遠くからでも拝め、神々しさを感ずることであろう。

鏡の語源として、影（かげ）・見（み）、すなわち、人の影（姿）を見るという説が主に唱えられてきた。「げ」が、「が」に転訛する可能性は、同じカ行の濁音なだけにないとは言い切れないが、実例はほとんど無く、類推からの後付けであろう。

ここは、素直に「輝き」を見るという輝（かが）・見（み）が至当であり、この説はすでに存在している。さらに、筆者は、太陽神の化身、すなわち、日の神を拝謁するという意味から、日（か）・神（か）・見（み）、あるいは、日神（かがみ）ではないかと考えている。

また、縄文時代の護符と考えられている石板の表とされている面には、刻印が施されているが、実は、文様や刻印がある面の方が背面であって、材質によっては、この表面（文様ない面）を磨いて鏡のように光らせ、首にかけ「日神」の護符にしたりした可能性も考えられなくもない。

金属製の鏡・剣などの祭器は明らかに渡来系のものであり、その起源については、大陸のどこに当たるのか、等について議論の余地はあるが、「三種の神器」の祖型（ひな形）は、少なくとも縄文期には始まっていると、筆者は考えている。

8. 日本における祭祀の起源について（定住と祭祀）

祭祀社会（祭祀的共同体）や祭祀的統一者の起源は、少なくとも縄文早期には始まっていると、筆者は考えている。なぜなら大規模な定住集落の形成と共通の祭祀の発生は期を同じくしているからである。

祭祀では、主に祖先祭祀が考えられる。いっぽうで、集落の中での共同作業、食糧の分配や共飲共食、子育て、年配者の世話など、共同生活を営んでいる民たちがより強い絆を持つようになると、周辺の食材の乱獲防止や水源の汚染防止、ムラとしての危機管理（食糧備蓄や衛生管理、防災対策等）、集落民同士・隣村との軋轢防止等のためにも、日・火の神、水の神、土地の神などの自然神崇拝といった共通の祭祀の重要性が高まってくる。また、祭儀を厳粛かつ円滑に行うためにも祭祀的統一者の存在も重要である。こうして、多様化した社会における決め事や「祭儀（呪術）」など社会的・精神的な文化も次第に発達していく。

縄文時代早期前葉（約1万6000年前）の国指定史跡である鹿児島県上野原遺跡では、2条の道筋に沿った52軒の竪穴住居群を中心に、39基の集石や16基の連穴土坑（世界最古の燻製《くんせい》装置）などの調理施設をもった集落（ムラ）が発見された。縄文の先進地域であった南九州における本格的定住の開始時期と、当時の様子を知ることができる大集落である。ムラは、南に鹿児島湾や桜島、北に霧島連山を望む、風光明媚な台地上にあり、長期間にわたって営まれた。世界史的に最も早い段階の「**定住**」と考えられる。

一般に、世界で最も早い「定住革命」は、約1万年前のメソポタミアが有名だが、この上野原遺跡はじめ、南九州の縄文早期・草創期の集落はおもに「木造り」であり、「石造り」のメソポタミア文明に匹敵するか、年代的には、それ以上に古いものである。

西欧の「新石器革命」説では、農耕および文明の開始と定住がセットで語られる。しかし、日本列島とその周辺では、本格的な農耕以前に、本格的で長期にわたる「定住」が開始されたという世界でも例のない森林型の狩猟採集（採取）文化が形成されたのである。

上野原遺跡の縄文時代早期後葉（約8600年前）の地層からは、「まつり・儀式の場」

が見つかり、国重要文化財に指定されている。台地南側の最も高い所には、一つの穴に丸と四角の口をもつ2個の壺型土器が完全な形で埋めてあった。壺型土器は、弥生時代の特徴であるが、約8600年前は驚異的な古さであり、特別な意味を持った土器であろう。また、その周りには壺型土器や鉢形土器を埋めた11か所の土器埋納遺構と石斧を数本まとめて埋めた石斧埋納遺構が見つかり、さらに、これらを取り囲むように、日常使用した多くの石器や割られた土器などが、置かれた状態で出土した。この場所は、「まつり」などの儀式が行われた場と考えられている（「鹿児島県上野原縄文の森」HP参照）。

小規模（家族・一族）での祭祀は、旧石器時代、もしくは、遅くとも縄文草創期から始まっている。祭祀については、遊動社会である旧石器時代でも祭祀遺物が複数見つかっているからである。

祭祀遺物と言えば、縄文時代の土偶が想起されるが、最古の土偶は、縄文草創期後半（約1万3000年前）の滋賀県相谷熊原《あいだにくまはら》遺跡と三重県粥見井尻《かゆみいじり》遺跡から、それぞれ1体ずつ出土している。

草創期の定住は、夏と冬で場所を変える半定住型が多く、「振り子型定住」などとも呼ばれている。それでも、長期間に渡って住む家が決まり、帰属場所が決まると、一体感が強まり、土偶などの祭具が作られ、祭りが挙行されたと推察できる。

この2つの遺跡にはどちらも、複数の住居跡がある。おそらく土偶はムラの存続を守るための精神的支柱だったのであろう。大きさは掌《てのひら》サイズであり、出産等の「お守り」とも考えられる。今も昔も出産は命がけであり、子供は、神様からの授かりものであった。

今後の日本神話、あるいは原始神道・古神道（惟神の道）の研究は、文献調査・研究のみならず、先史時代である縄文文化等の最新の研究成果を視野に入れて、新たな視点で語られるべきである。この点についても、いずれ稿を改めて述べたい。

9. 「高天原」の研究成果のまとめと考察

吉田留は、「高天原」について、後世の解釈でもって安易に約音略音を用いず、古形のままで「タカアマハラ」とノを入れずに読むことを主張した。

武井睦雄は、「高天原」の表記で、世間一般の人々は「タカマノハラ」と呼ぶとしても、「多くの語の古形を伝えるこの『古事記』においては、これを〈タカアマノハラ〉とよむべきである。」さらに、「この〈タカアマノハラ〉のかたちこそ古い時代に一般的に用いられていた語形」と結論付けている。

西宮一民らは、「天原」は通常、「アマノハラ」であり、「アマハラ」ではないとしている。ゆえに「高天原」は「たかあまのはら」と訓読している。

しかし、通常通りの「アマノハラ」ならば、なぜ訓注を施すのであろうか。

それは、訓注の通り、「高」の下の場合は、「アメ」や「アマノ」ではなく、「アマ」と読めとの指示であり、「安麻久母」（アマクモ）、すなわち、アマ＋体言に繋《つな》がるケースではないか、と筆者は考える。つまり、訓注は通常の読み方とは違い、「天原」を「アマハラ」と読ませるための指示とも考えられるのである。

注

［1］①「『古事記』では高天の原が重要な意味を持つ」『古事記の宇宙《コスモス》』千田稔　中公新書　2013　p31

②『古事記ワンダーランド』鎌田東二　角川選書　2012　p82、p213、p216～218、p222～227

［2］日本思想大系〈1〉『古事記』青木和夫・石母田正・小林芳規・佐伯有清　1982　p316

［3］同『古事記』p18

［4］『新ゾロアスター教史』青木健　刀水書房　2019年　p44～54

［5］『縄文時代の考古学』シンポジウム日本の考古学2　編集　小林達雄　学生社　1998　「大型木柱遺構の方向と夏至の日の出・冬至の日の入線がほぼ一致。」

［6］①『読売新聞』（1994／6／26）「万座と野中堂の日時計状特殊組石を結ぶ線が夏至の日没線。」

②『縄文時代における自然の社会化』「秋田県大湯遺跡」富樫泰時　季刊考古学別冊6　雄山閣出版　1995
[7]「旧石器時代の女性像と線刻棒（第I部 縄文時代草創期における定住化）」春成秀爾　国立歴史民俗博物館研究報告　第172集　2012　p13～99
[8]『三輪山と古代の神まつり―大和王権発祥の地から古代日本の謎を解く』小笠原好彦・菅谷文則・鈴鹿千代乃・広瀬和雄・平林章仁・他　学生社　2008
[9]①『文化財と探査』「雑感　古地磁気研究が縁で関わった〈巨石文化!?〉を考える」森永速男　日本文化財探査学会誌
②『縄文スーパーグラフィック文明』渡辺豊和　ヒカルランド　2016／5／31
[10]『大月短大論』集50号（2019／3）松浦明博　持続可能型社会の構築のための歴史教育～「なぜ」から始まる歴史学習（日本史黎明期編）～　p183～184
[11]『日本国語大辞典』（第1巻）小学館　2000
[12]新訂『字訓』普及版　白川静　平凡社　p408
[13]同『字訓』p42
[14]『古典基礎語辞典』大野晋編　p74
[15]『字通』白川静　平凡社
[16]同『字訓』p598

〔17〕『古事記の世界』西郷信綱　岩波新書　1967　p27～28
〔18〕『同書』西郷信綱　p35
〔19〕『日本国語大辞典』(第1巻) p515
〔20〕『古事記は日本を強くする』中西輝政・高森明勅共著　徳間書店　2012
〔21〕『古事記の研究』西宮一民　p174
〔22〕『古典基礎語辞典』p943
〔23〕『日本書紀　上』日本古典文学大系67　坂本太郎・家永三郎・井上光貞・大野晋校注　岩波書店　1972　p78～
〔24〕『日本国語大辞典』p515～547
〔25〕『古語大鑑』第1巻　編集　築島裕　東大出版会　2011　p74～80
〔26〕『古事記ワンダーランド』p218
〔27〕『対照神代記紀』神田典城　笠間書院　2015／5　p35
〔28〕『新編日本古典文学全集5　風土記』校注　植垣節也　小学館　1999　p388
〔29〕『勾玉』大田区立郷土博物館　2022／11　p28
〔30〕同　p34～37
〔31〕「ウケイの中の勾玉」『勾玉』所収　瀧音能之　大田区立郷土博物館　2022／11　p16
〔32〕『新日本考古学小辞典』江坂輝弥・芹沢長介・坂詰秀一「石刀」「石剣」

ニューサイエンス社、２００５／５／20／、ｐ２３６～２４２
［33］松木武彦「石刀をふるう人、土偶になる人」『列島創世記』小学館〈全集日本の歴史第１集〉２００７／11／14／、ｐ１５０～１５１
［34］『大月短大論』集50号（２０１９／３）松浦明博「持続可能型社会の構築のための歴史教育～『なぜ』から始まる歴史学習（日本史黎明期編）～」ｐ１８２

第三章

「高天原」の訓読の変遷過程と典拠

第一章では、「たかあまはら」が高天原の本来の訓読だということを、第二章では、高天原とは何かについて示した。

本章では、「たかあまはら」という訓読が、「たかあまのはら」→「たかまのはら」→「たかまがはら」と変遷する流れを、典拠を示しながら追いかけていくことによって、前二章の補足としたい。

1. 「たかあまのはら」の出典

平安時代前期の『日本紀私記』には、「たかあまのはら」と訓読されたことが示されている。『日本紀私記』とは、『日本書紀私記』のことで、平安時代に行われた『日本書紀』の講書の内容をまとめた書物である。『日本書紀』について、養老五年（７２１年）、弘仁三年（８１２年）、承和十年（８４３年）、元慶二年（８７８年）、延喜四年（９０４年）、承平六年（９３６年）、康保二年（９６５年）の７回の講書「日本紀講筵《にほんぎこうえん》」（『日本書紀』の講義・研究を行う宮中行事のこと）が行われたとされる。つまり、『日本書紀私記』は、これらの講書の記録であり、種々のものが作成されたと考えられている。現存するものとしては甲乙丙丁の四種が知られているが、甲乙丙本は水戸の彰考館に伝えられたもので、水戸本、彰考館本とも呼ばれる。[1]

この水戸本のうち丙本の日本私記（「水戸本丙日本私記」）には、神武「峻時搏風於高天之原〈太加安末乃波良仁千木太加之利天〉」とあり、「たかあまのはら」と訓読されている。[2]

日本紀講筵の講師には紀伝道などの歴史に通じた学者が博士などに任命されて、数年かけて全三十巻の講義を行った。博士ら講義担当者は講義にあたって予め覚書である『日本紀私記』を作成した。主に『日本書紀』本文の訓読に関する記述が多く、一部、内容の解説もある。これらの私記は、漢文で書かれた『日本書紀』を本来の伝承形態に戻って解釈することに力を注いでいるとされた。現存四種の私記が残されている。[3]

他にも、『日本書紀』の乾元本〈兼夏本・巻二〉に「高天原多加阿万乃波良　弘仁」[4]と「タカアマノハラ」の訓みがみられる。

以下、古事記写本・注釈書の校註で「たかあまのはら」の例を記す。

(書名・時代・出版社または編者)

①『古事記』上、中、下巻：度会延佳校正 山田（伊勢）：講古堂、貞享4［1687］跋

②新潮日本古典集成『古事記』昭和55年・新潮社

③日本の文学　古典編『古事記』昭和62年・ぽるぷ出版
④新版編日本古典文学全集『古事記』平成9年・小学館
⑤『古事記』（日本の古典をよむ：1）平成20年・小学館
⑥新版『古事記』平成21年・角川ソフィア文庫
⑦新版編日本古典文学全集『古事記』平成22年・小学館

2. 「たかまのはら」の出典と地名の連想

(1) 「たかまのはら」の出典と地名

前述のごとく『古事記』では、あくまでも「高天原」となっていて「之」(の)はなく、「高天之原」ではない。しかし、「高い」ところの「天の原」との意味で「高天の原」と表記される場合も多い。

「たかまのはら」の事例は、鎌倉・室町時代から見られる。

八百万四方の神たち集まれり高天《たかま》の原に千木《ちき》高くして(658)

『金槐和歌集』[5]

くもりなくたかまの原に出でし月　やを万代のかがみなりけり

『風雅和歌集』[6]

繰り返しになるが、宣長は『古事記伝』〈天地初発の段〉で、訓注に触れつつも、「ま」のなかに「あ」の音が含まれているため「たかまのはら」となると論じた。

以下、古事記写本・注釈本等の校註で「たかまのはら」の例の一部を示す。（書名・刊行年・出版社または編者）

①寛永本『古事記』　江戸・卜部本系
②『古事記伝』　江戸・本居宣長
③『校訂古事記』　明治20年・皇典研究所
④『三體古事記』　明治44年・誠文堂書店
⑤日本古典文学体系『古事記・祝詞』　昭和46年・岩波書店
⑥日本思想体系『古事記』　昭和47年・岩波書店
⑦日本古典文学全集『古事記』　昭和56年・小学館（新版の2種はすべて「たかあまのはら」に改注釈）

ここで、「たかまのはら」と訓ずることによって生ずる誤謬をあらためて二つ挙げる。

一つは地名を連想することである。つまり、「たかま-の-はら」という訓読を聞いた場合、そのとき、天上世界の「高天（たかま）」と解するのではなく、地名の「高間」と解する可能性を生じせしめるということである。上代人に馴染み深く、『万葉集』などにも歌われた「高間」（今の奈良県御所市高天地方）を指してしまうということである。

「葛城の高間の草野早知りて標指さましを今ぞ悔しき」

（『万葉集』巻7 一三三七）[7]

(2)「高天原」の場所の比定

「天の高天原」および「地の高天原」については、第二章で詳述したところである。太古、天皇《スメラミコト》が祭りを行った中心地（神都）が、後世に「地の高天原」に比定されると考える。また、この世界の高天原が、日の本とすれば、その日本の高天原は、やはり神霊界の型を示す神奈備《かんなび》山の富士山こそが、最初に挙げられると、筆者は考えている。その他、現実世界の高天原の場所についても、ここで述べておく。

「高天原」から地名を連想し、特定の場所に比定することについては、新井白石の説が著名である。白石は、『古史通』において高天原を「タカアマノハラ」と解釈し、常陸

写真10　高天原の候補地の一つである高千穂の「天の岩戸」　筆者撮影

国（茨城県鹿嶋市高天原《たかまがはら》には天照大神を祀る稲村神社がある）の土地を比定した。

「高天原」の比定地、すなわち地上の高天原については、茨城県鹿島神宮近辺、千葉県香取神宮付近、飛騨山脈（北アルプス）など信州（神州）地方や飛騨高山周辺、筑波山麓、赤城山麓、静岡県熱海付近、滋賀県伊吹山山麓、熊本県阿蘇・蘇陽《そよう》（幣立《へいたて》神宮周辺）、宮崎県高原町および高千穂（**写真10**）の他、奈良県葛城山、壱岐・対馬（対馬の高海人原《たかあまはら》など）、などにあったとされる。

　また、日本各地のみならず、中国や朝鮮半島、さらには、シュメールやユダヤ（エルサレム）等の中近東、など世界にもあるとされる。[8]

なお、古典大系本では「歴史的事実の記録や民衆の宗教的信仰の産物でない記紀の神話、なかんずく高天原をたまさかの言葉の類似で地上のどこか（国内、国外）に比定するのはその発想において非科学的」としている。地名の連想については、西郷信綱も『古事記の世界』で、「神話の理解をそこなうもの」と批判している。[9]

いずれにせよ、「天の高天原」から、神霊が現界に天下り、天皇《スメラミコト》（現人神）がまつりごと（政治）を執り行った聖地（神都）が「地の高天原」に比定される。ゆえに「地の高天原」は、国内にいくつか存在すると考えられ、そのいくつかは今なお聖域となっている。

3.「たかまがはら」の出現時期とその出典

「たかまがはら」の事例は、「たかあまのはら」の「あ」が省音されて「たかまのはら」となり、その後、「の」とほぼ同意の助詞「な」に転訛し「たかまなはら」、さらには、祝詞の奏上や庶民の性急な発音の際に音韻が転訛して「たかまがはら」となっていったものと考えられる。「たかまのはら」の訓読は、「たかまがはら」に容易に転訛してしまう。また、四宮の主張のとおり、記紀編纂期頃には無かった読み方である。

『岩波古語辞典』では、「たかまがはら」の出典に「御伽草子・神道由来の事」を示している。『御伽草子』神道集の編纂時期は、後光厳天皇治世（南北朝期）とされており、[10]この例からすると、室町時代前期（14世紀）には使われていたと推察できなくもない。しかし、『御伽草子』神道集巻一の一（神道由来の事）は、和文ではなく漢文であり（東洋文庫本）[11]、辞典の校注者が、近世以降の訓法にならい「高天原」を「たかまがはら」

と訓読したものとも考えられる。「たかまがはら」の事例の多くは、以下のように、主に近世以降の戯作本など一般大衆向けの読み物が多い。

「天が下のかむだち、たかまか原にしゅえして、いくさひょうぢゃう取々なり」『幸《こう》若《わか》・百合若大臣《ゆりわかだいじん》』（室町末〜近世初頭）[12]

幸若舞《こうわかまい》とは、歴史上の人物の英雄的な戦いや複雑な人間模様を謡い舞う室町時代に成立した大衆演劇であり、「敦盛《あつもり》」などが有名である。幸若舞は民衆や武士に流行し、能や歌舞伎にも影響を与えた。「百合若大臣《ゆりわかだいじん》」は、幸若舞の曲名で、単に「大臣」ともいう。百合若という名の武者が、蒙古討伐ののち家来に玄界島に置き去りにされ、その復讐の物語である。

「たかまか原は人の身といふなり」『無難禅師仮名法語』[13]

無難禅師とは、至道無難《しどうぶなん》（慶長八（１６０３）〜延宝四（１６７６））のことで、美濃生まれの臨済宗の僧である。江戸に出て至道庵（小石川）に住み、宗風を広めた。主著は『仮名法語《かなほうご》』で、仮名法語とは、かなやかなに漢字を交えた平易な言葉を用い、大衆に対し仏教の教えを説いたものである。仏教は、漢文の経典が多く用いられたが、大衆に対しては理解しやすく、受け入れやすい言葉に置き換えられた。

近世の大衆向けである咄本「鹿の子餅」（１７７２）にも見られる。咄本とは、江戸時代の庶民向けの短い笑話《わらいばなし》を集めた本で、軽口《かるくち》本ともいう。

歌舞伎・霊験曾我籬《れいけんそがのかみ》（１８０９）の「只の高天（タカマ）ヶ原（ハラ）だと思うと当てが違ふぞ」に見られるように、神主・神官を指す（茶化す）言葉にも使われた。談義本「教訓乗合船」（１７７１）や洒落本「婦美車紫鹿子《ふみぐるまむらさきがのこ》」（１７７４）にも同様の例がある。

洒落《しゃれ》本とは、江戸中期以降に江戸で流行した遊《ゆう》里文学（遊女・遊客の言動を会話中心に描いたもの）の一種で、野暮な客を笑いのめした内容が多い。

談義《だんぎ》本とは、江戸時代の宝暦から安永・天明（一七五一～八九）頃に江戸を中心に流行した滑稽《こっけい》な通俗小説で、談義僧や講談師などの口調をまね、可笑《おか》しさの中に教訓を入れて世の中を風刺した。寛政改革で、洒落本と同様に弾圧対象となり衰退した。

17世紀までは、清音の「たかまか原」が多いが、18世紀後半からは、濁音の「高天（タカマ）ヶ原」が多く見受けられる。

4. 「たかまがはら」は江戸期の俗語（スラング）!?

いずれにせよ「タカマカハラ」、「タカマガハラ」の出現時期が、中世前期から近世にかけて、皇室権威の低下する時期と軌を一にしている。それは、聖なる権威による統治から、武力・財力による権力支配への移行、すなわち、王道（皇道）から覇道政治へのほぼ転換期にあたる。

さらに近世は、「タカマガハラ」への変質時期とも推察できる。それは、神道の神聖性の低下と庶民性の高揚、例えば、現世利益《げんぜりやく》重視のお蔭《かげ》参《まい》りや稲荷《いなり》信仰の爆発的流行などの時期でもある。それでも、この時期の国学者や神道家の多くは、「高天原（たかまのはら）」との訓を採用していたし、一部の国学者や神道家では「たかあまのはら」とも読まれていた。

では、「たかまがはら」の担い手は誰なのか。それはつまるところ、江戸の一般大衆である。「たかまがはら」なる訓は、一般庶民の俗語（スラング）であり、神道や神社・神主をやや揶揄《やゆ》したような言い回しにもなっているのである。

　その江戸期の低級な俗語を、なにゆえ現代の歴史学者や歴史教育者は勿体ぶって使い続けているのか。それも訓注に反してまで、聖域とされる高天原の訓みに使っているのか。天津神や皇祖神への冒涜も甚だしい、と言わざるを得ない。

「たかまがはら」なる訓は、江戸期の庶民文化や戯作本等の研究の俎上《そじょう》において語るならばいざ知らず、記紀神話や風土記など上代文学の中に登場する神々の世界を語るのには、不可である。また、日本古代の文化史や精神史を語るうえでも、まったく不適切である。

「たかまがはら」は、祭祀を何より重んじた古代人の精神世界に対し、近世人の洒落《しゃれ》の感覚で遇するという、ある意味で、時代錯誤の読み方であるとも言える。

5. 江戸期の国学の功罪と『先代旧事本紀』について

江戸時代初期、徳川三代までの武断政治によって、相次いで改易や減封が行われ、そのため牢人が増大した。しかし、四代将軍家綱の時代には、牢人の増大等による治安の悪化（由井正雪の乱等）が懸念され、幕政が武断政治から文治政治へと転換された。この時代の為政者たちは、徳川の世を盤石なものとするために儒教倫理を活用した。幕藩体制を儒学（朱子学）の大義名分論によって権威付けしたのである。

これらへの反動の一つが国学の勃興となり、日本人のナショナルアイデンティティーの確立へと向かう。ほどなくして、幕末の尊皇思想の原動力となり、維新の大業、大政奉還、王政復古の大号令、へと結実していったのである。

国学の隆盛が、歴史の「回天」（天をめぐらす、すなわち時勢を一変すること）に一定の役割を担ったことは評価されてしかるべきである。しかし、江戸期の国学者の多くが、平安文学に憧れる江戸時代人の見方で神代時代の日本を見ていたという一面は、否定できないだろう。

なお、哲学者の梅原猛は江戸期の国学者の誤りを指摘しつつ、『古事記』の古語についてアイヌ語からのアプローチも試みている。日本人の古語や失われた古代語（縄文語）とアイヌ語との関連性については、極めて興味深いテーマである。

最新の核DNA研究においても、縄文人の遺伝子を最も多く受け継いでいるのはアイヌ民族であることが解析されている。国立科学博物館・神澤秀明らの研究によると、現代の日本列島人と縄文人との関係は、アイヌ（7割）、琉球（3割）、本土日本人（1～2割）の順に縄文人の遺伝要素が強いことが分かった。であれば、言語も含め、アイヌ民族は縄文人の文化的要素を多分に受け継いでいるとも考えられる。近年、アイヌ民族は日本列島の先住民とされるが、正確に言えば、縄文人が先住民で、アイヌ民族はその直系の子孫であるといえる。今後のさらなる研究の進展を期待したい。

また、梅原は、現『古事記』の前に旧『古事記』があり、現『古事記』は旧『古事記』の神話の中心部分を藤原氏が都合のいいよう書き換えたものである、と推定している。[14]

さらに梅原は、稗田阿礼の実在性をも疑い、藤原不比等ではないかとも説いている。

稗田阿礼を主斎神（主祭神）とする神社が、奈良県大和郡山市の稗田環濠集落の端にある。賣太《めた》神社（売太神社）である。天鈿女命《あめのうずめ》、猿田彦命を副斎神（配祀神）として祀る。筆者は、稗田氏は、朝鮮系の渡来人ではないかと推察しているが、この調査研究は稿を改めたい。

さて、旧『古事記』とは、何だろうか。

『古事記』編纂の元資料が『帝紀』と『旧辞』である。帝紀は、帝皇日嗣《ていおうひつぎ》のことで、大王《おおきみ》の系譜を記したものである。旧辞は『先代旧辞《せんだいきゅうじ》』のことで、朝廷に伝わる神話・伝承を記したわが国最初の歴史記録とされる。『帝紀』と『旧辞』は、ともに6世紀前半には成立していたとされ、7世紀後半に天武天皇の勅による記紀編纂の資料となっている。

6世紀前半と言えば、『天皇記』と『国記』を想起する。『天皇記』と『国記』は、『日本書紀』推古天皇二八年（620）に、聖徳太子と蘇我馬子によって編纂されたが、皇極天皇四年（645）の変で、蘇我氏本宗滅亡に際して焼失したとされる。ただ、『日本書紀』には、国記は持ち出されて中大兄皇子に献上されたと記されている。

筆者は、天地初発から神代七代、初期の神々の生成など、いわゆる超太古の神話記述から、古代社会の現実生活が投影された高天原（第二義意味）等の神話記述まで、年代的隔たりが余りにも大きく圧縮や省略がされすぎているように感じていた。
ゆえに、『古事記』編纂の際に、それ以前の古文献の整理・改編改修、あるいは隠滅がなされたのではないか。現『古事記』の前にあった旧『古事記』の研究と推察は甚だ興味深い。
『日本紀私記』[15]の「丁本」には、「『日本書紀』を読むためにどういう書物を備えたらよいか」との問いに対し、「先代旧事本紀・上宮記・古事記・大倭本紀・仮名日本紀等」との博士の答えが記されている。[16]
しかし、なぜか『先代旧事本紀（旧事紀）』については、賀茂真淵が『冠辞考』で、「旧事紀は後につくれるものにて、古意ならぬ事おほきふみなればとらず」（序附言）と記してある。宣長は、『日本書紀』や『先代旧事本紀』等に比して、『古事記』こそが真実だと論ずる真淵に信頼を寄せている。ここでも、江戸の国学者の影響が、その後も継承されていったことが推察できる。今後は、新たな視点での研究の進展に期待するものである。

6. 本章のまとめ

本書の終わりに当たり、参考として、それぞれの訓みの特徴と問題点を列挙する。

A.「たかまがはら」

①上代には存在しない音訓。
②近世の戯作本（洒落本、談義本、読本、草双紙など）に多く見られる。
③「が」は尊貴性の低下を意味する。
④禍事を連想する。
高天原を「たかあまはら」と訓読することにより、天津神へと通ずる。
天津神とは、太陽神天照大神をはじめ高天原の神々である。
高天原を「たかまがはら」と訓読することにより、禍津神へと通ずる。

禍津神とは、大禍津日神、八十禍津日神といった汚穢と災厄をもたらす神、邪神である。（八十禍津日神「訓レ禍云二摩賀一。下效レ此。」）[17]

B.「たかまのはら」

① 連続する母音が消音されることを前提とした読み。しかし必ずしも消音するとは限らない。例外はあり、それを意図して訓注が特に施されているものと考えられる。

② 「の」は「が」への音韻転訛が行われ易く、「たかまがはら」となり、その結果、A③④の問題に発展する可能性を秘めている。

C.「たかあまのはら」

① 訓注には従っているが、「之＝の」を入れて訓読する根拠が曖昧である。天原を「あまのはら」と読むことからの延用であろう。

② 実際に、「之＝の」が入る【高天之原】と「之＝の」が入らない【高天原】の訓読の違いを説明できない。

D.「たかあまはら」

① 最も訓注の指示にそった音訓である。

②『古事記』の現存する写本・伝本の注釈書における「たかあまはら」の訓例が、今のところ明らかではない。

注

［1］『新訂増補 國史大系 第8巻』「日本書紀私記・釋日本紀・日本逸史」黒板勝美　吉川弘文館　2007

［2］『日本国語大辞典　第二版　第八巻』小学館　2001　p789

［3］『日本史大事典 5』「日本紀講筵」関晃・「日本紀私記」青木和夫　平凡社　1993

［4］『古事記の表記と訓読』山口佳紀　有精堂出版　1995　p101

乾元本は兼夏本（国宝、乾元本、奈良県天理大学附属天理図書館蔵）のことで、卜部兼夏が乾元2年（1303）に書写したもの。神代上下2巻が残る。

［5］『金槐和歌集』新潮日本古典集成44　源実朝　校注　樋口芳麻呂　新潮社　1981

［6］『日本国語大辞典　第二版　第八巻』p819

［7］『古事記の研究』西宮一民　p176～177
［8］『幻想の古代王朝』原田実　批評社　1998　p29～31
［9］『古事記の世界』西郷信綱　p27
［10］『鑑賞古典文学全集』23「中世説話集」編集　貴志正造他　角川書店　1977　p275
［11］『神道集』編集　近藤喜博　角川書店　1978　p18
［12］『幸若舞1』「百合若大臣他」東洋文庫355　荒木繁　平凡社　1979
［13］『日本国語大辞典　第二版　第八巻』p818
［14］『史話日本の歴史1 日本の源流を探る』監修　梅原猛他　作品社　1991　p246
［15］奈良～平安前期に宮廷で行われた『日本書紀』講読の際の記録で、『日本書紀』の注釈書でもある。博士が講義に当たって作成した覚書を『日本紀私記』といい、単に「書紀」の本文の語句に訓注を施したものと、講席における問答を逐次筆録したものとがあるが、今日いわゆる甲乙丙丁4種の不完全な「私記」の伝本があって『国史大系』に収められ、ほかに『釈日本紀』『和名抄』等に数多くの逸文がある。
［16］『「日本」とは何か』神野志隆光　講談社　2005　p63
［17］『古事記・祝詞』〈日本古典文学大系1〉p70

おわりに　――教育現場における実践（「言霊《コトタマ》」の授業）、および本書のまとめ

『古事記』の編纂者は、あえて【訓高下天云阿麻下效此】と注記して、「高」の次に来る「天」を、以降、すべて「アマ」と読むように特に指定した。

これは大変重大なことである。後世、特に本居宣長をはじめ、多くの学者はさまざまな解釈を行ったが、筆者は、訓注の指示を素直に受け取りたい。

「たかまの」に約音は、「たかまが」に転訛する可能性を秘めている。

「たかまがはら」がどうして問題であるのか。

「たかまがはら」の読みが上代には存せず、近世の庶民文化の中で流布していったこと、また、「が」は「の」にくらべ、低い敬意で遇するという見解も示してきた。この点からすると、「たかまがはら」の濁音の訓みは、神々の世界の神聖性や皇室の権威を貶め

ていることになるだろう。さらに、「まがごと」（禍事・曲事・悪事）や「まがつひのかみ」（災厄・凶事・汚穢の神）等など不吉な響きがある。

筆者は、実際、中学歴史科教科書（自由社）の「神話が語る国の始まり」や高校倫理教科書（東京書籍）の「日本人の精神風土」の授業単元に先立って、「高天原」の漢字を一字ずつ板書し、その「読み方」について、生徒に一切の先入観を持たせずに質問した。ほとんどの生徒は初見なので、最初、「こうてんばら」、「こうてんげん」などと読む。そこで、「これは日本神話の世界だから、すべて訓読みで読んでみてください。」と指示すると、どの生徒も素直に「たか　あま　はら」と読む。

さらに「高天原とは、どのような世界だろう。想像してみてください。」と質問すると、「高い天上の世界」「神様の世界」「上の方の世界」「光り輝く世界」「天国みたいなところ」と、教師が教え込まずとも生徒はほぼ正解を言い当てる。

それなら、「高天原」の字面《じづら》からも想像できるだろう、と一応反論できるが、詩文と同じで音韻や響き、言い換えれば、言霊《ことたま》[1]が大切なのである。『古事記』のような口承（誦習）文学では、これが最も大切である。

実際、生徒に瞑目させ、言霊だけでイメージさせたこともあり、その際も、上記と同様の反応であった。

「タカアマハラ」は、それぞれが「**五十音図**」(**図表1**)の最上段で構成されており、漢字表現以前の言霊的な響きにも「高く明るく開かれた世界」であることを如実に表している。

さらに、五十音図の前五行(アカサタナ)の最上段から「タ・カ・ア」の三音、後五行(ハマヤラワ)の最上段から「マ・ハ・ラ」の三音と、それぞれ意味をもって均等に配置されており、絶妙のバランスの言霊となっている。

かくして、「タカ・アマ・ハラ」という天上に響くような清明な言霊から、素直な子どもたちは、天上の明るい「神々の世界」を極めて自然に理解できるのである。

宣長も、我が国の上代は、言霊の霊妙な働きのおかげで、漢字渡来以前から音訓はすでに定められていたと、言霊の重要性を説いている。訓の方は、宣長翁に従い、音(言霊)については、無視するのはダブルスタンダードであり、矛盾していると言わざるを得ない。

ワ	ラ	ヤ	マ	ハ	ナ	タ	サ	カ	ア
ヰ	リ	イ	ミ	ヒ	ニ	チ	シ	キ	イ
ウ	ル	ユ	ム	フ	ヌ	ツ	ス	ク	ウ
ヱ	レ	エ	メ	ヘ	ネ	テ	セ	ケ	エ
ヲ	ロ	ヨ	モ	ホ	ノ	ト	ソ	コ	オ

図表1　五十音図（小さい〇の完全重複音を除くと四十八音）

「タカアマハラ」の「アマ」は、「天の川」「天橋立」「天の浮橋」「天の御柱」と同様に高く美しく荘厳な世界を想起する。

いっぽう、「マガ」は、曲・禍・枉・魔が・間が、など、それぞれ凶事や魔語に通じ、「邪《よこしま》な」意味の言霊となる。イザナギが、黄泉《よみ》の国の穢れを祓い浄めるため禊ぎをした時、最初に現れた神がオオマガツヒノカミ、次に現れた神がヤソマガツヒノカミで、災厄や汚穢を招き寄せる根源である。

「葦原の中つ国」に遣わされた天若日子《あまのわかひこ》は、高天原の神々に復奏せず、あまつさえ、高天原からの使者雉鳴女《きじのなきめ》を射殺《いころ》してしまい、その矢は天まで届いた。高天原の神々は、天若日子に邪心あらば、「此矢麻賀礼」（このやまがれ）と誓約をして矢を送り返す。すると、矢は天若日子を射殺してしまう。まさに、不吉で不穏な言霊は、不吉で不穏な運命を招来せしめるのである。

現代は、言霊というと、馬鹿にしてかかる知識人が多いことは承知している。しかし、教育、とりわけ生徒指導・進路指導、さらに、道徳教育の分野で重要であると考える。小・中学校の学習指導要領では、「すべての教育活動で道徳教育が指導されるべきこと」が明記されている。また、言語活動を重視する今後の学習指導要領の方向性にも合致するものと考えられる。

言霊の教育は、言葉の持つ影響力や実現性からもキャリア教育やいじめ防止・自殺防止等の問題の対処にも応用できる可能性も秘めている。今後の「言霊」の研究と実践の進展に、大いに期待するものである。

歴史教育、とりわけ義務教育での歴史教育の目標は、学者養成が本旨ではなく、人間形成や人格の陶冶《とうや》であり、今後のさらなるグローバル化の中で「生きる力」を持ち、日本と世界に貢献できる祖国愛と人類愛を併せ持つ日本人の育成である。

筆者は、実際、中学・高校の授業において、「高天原」の「読み方（言霊）」ひとつで、遍《あまね》く照らす太陽神にして皇祖神天照大神主宰の「高天原」を通し、古代日本に「光」をイメージさせることができた。

どうして、「天」を無理やり、「まが」とか「まの」と読ませることを次代の日本人に強制し、その結果、日本神話を矮小化して、おどろおどろしく下品に描く必要があるのだろうか。まったく教育的ではない。

生徒・学生たちは、ギリシャ神話、北欧神話等についてゲーム等で詳しく、比較的、魅力的な印象を持っている。しかし、日本神話については、ほとんど教えられておらず、むしろ偏った歴史教育の影響で、無知か、マイナスのイメージをもつ人もいる。筆者は、それを何とか転換したいと考えている。

「たか・まが・はら」と読まれる（言霊を発する）ことは、高天原、そして、皇祖神はじめ天津神々の尊貴性を傷つけることに他ならない。まさに、一種の「呪詛《じゅそ》」であるのだ。

高天原には、多様な読みが存し、どの訓を正統とみなすかは、学者の研究推論と学界の趨勢《すうせい》による。

しかし、『古事記』の訓注には、天は「アマ」と読むように指定がある。その背景には、「高天原」=「たかあまはら」、もしくは「たかあまのはら」という当初の音訓から、「たかまのはら」という略音での呼称へと変化しつつあった当時の状況が考えられる。

『古事記』は、天武天皇に舎人《とねり》として仕えた稗田阿礼が、天皇から「帝紀」「旧辞」等の誦習を命ぜられ、それを次代の元明天皇に至って、臣太安万侶が筆録したものである。序文の「當今之時 不改其失 未經幾年 其旨欲滅」(古典大系)にあるごとく、当時まさに、古い伝承が失われ改変消滅の危機にあるなか、阿礼が勅命に従い古語の保存や古形の発音にこだわって誦習し、安万侶がそれを筆録したものと考えられる。

渡来人(帰化人)らによってもたらされる漢字をはじめ大量の外来文化(中華思想等)の疾風怒濤の波間で、日本古来の言葉や、その言葉の読み・本来の意味が消されようとしていた。そのため、天皇は勅命を発し、心ある人々が、失われ往く古き良き太古日本の伝統(やまと言葉・やまと心・やまと魂)を後世に残さんと試み、「天は阿麻《あま》と訓め」という注をあえて挿入したものであろうと推測する。

現在、革新派だけでなく、いわゆる「左翼史観」を批判してやまない保守派と評せられる歴史論者諸氏によってすら、近世の俗語に過ぎないと考えられる「たか・まが・はら」を、何の疑いもなく採用していることに強い違和感を禁じ得ない。

なぜなら、「高天原」＝「たかまがはら」なる読み方が、神代の日本人《やまとびと》の心根に合致しているのか否か、また、神々の世界と皇室の尊重に繋がるのか、それとも毀損《きそん》であるのか、これらは、自明のことだからである。

「高天原」の訓みが、本来の音訓（言霊）である「たか・あま・はら」となり、今後の日本の古代観・神話観に、真《まこと》の「光」が照らされ、「日《ひ》の元《もと》つ国《くに》」日本が、再生・復活することを祈念してやまない。

注

［1］言葉に宿っている不思議な霊威。古代、その力が働いてその言葉通りの事象がもたらされると信じられた（広辞苑三版）。

『万葉集』中の言霊関連の和歌一例を上げる。

「敷島の大和の国は　言霊の幸（さき）はう国ぞ　まさきくありこそ」（柿本人麿）

〈著者紹介〉
松浦明博（まつうら あきひろ）
昭和32年（1957）福岡県生。東京学芸大学中等社会卒業、同大学院修了。都立教育研究所研究主事（教育史）、都立高校・都立中高一貫校（主任・主幹・副校長）、私立中高一貫校（進路部長・社会科主任等）と公立短大非常勤講師（日本史学・歴史学・教育学）、帝京科学大学特命教授。現在は、大学で非常勤講師（社会科教員養成・キャリア教育）、相澤忠洋記念館副館長。専門：日本倫理思想史・宗教史（清明心の研究、旧石器・縄文文化等）、キャリア教育、歴史教育、倫理・宗教教育（神話・言霊等）、環境教育、教育史。主著（共著）：『最新日本史ノート』（国書刊行会）、『高等学校新日本史』（明成社）、『歴史に学ぼう 先人に学ぼう』（モラロジー研究所）、『新しい中学校歴史教科書』（自由社）、『国境の島を発見した日本人の物語』（祥伝社）、『条約で見る日本近現代史』（祥伝社）、『教科書抹殺』（飛鳥新社）、『私たちの歴史総合』（明成社）など。受賞歴：第385回オピニオンプラザ「正論」入選「皇室の伝統と将来」（産経新聞）、第10回東京新聞教育賞、2009年度「こころを育む活動」パナソニック教育財団個人賞、日本教育研究連合会教育研究賞、歴史大賞・功労賞（モラロジー研究所）など多数。

日《に》本《ほん》神《しん》話《わ》における「高天原《たかあまはら》」とは何《なに》か!?

──「高天原《たかあまはら》」の訓注《くんちゅう》の解釈《かいしゃく》と訓読《くんどく》の転訛《てんか》に関《かん》する研究《けんきゅう》──

（教育現場《きょういくげんば》からの考察《こうさつ》）

A Study on Interpreting and Analyzing the Japanese Myth, “Taka-Amahara” From a Classroom Perspective

2024年2月29日　第1刷発行

著　者　松浦明博
発行人　久保田貴幸

発行元　株式会社 幻冬舎メディアコンサルティング
〒151-0051　東京都渋谷区千駄ヶ谷4-9-7
電話　03-5411-6440（編集）

発売元　株式会社 幻冬舎
〒151-0051　東京都渋谷区千駄ヶ谷4-9-7
電話　03-5411-6222（営業）

印刷・製本　中央精版印刷株式会社
装　丁　野口 萌

検印廃止

ISBN 978-4-344-94986-7 C0021
幻冬舎メディアコンサルティングＨＰ
https://www.gentosha-mc.com/